提高抗挫力 培养内心强大的孩子

方聆◎著

中国纺织出版社
国家一级出版社
全国百佳图书出版单位

内 容 提 要

本书阐述了一个人内心强大的人生价值、社会意义和时代意义，然后从心理学的角度来剖析孩子内心不够强大的原因，并从正能量培养、自我修复能力、性格的柔韧性、稳定的心理状态、独立性、自我成长能力、自我保护能力和父母的支持系统这些方面来详述培养孩子具有强大内心的八个途径，希望通过这些科学的方法来提高孩子的抗挫折能力，让孩子凭借足够强的内心来面对遇到的种种困难。父母须知，注重孩子的心灵建设，内心健康，精神富足，对于孩子的成长非常重要。孩子内心足够强大，才会成为人生赢家。

图书在版编目（CIP）数据

提高抗挫力：培养内心强大的孩子 / 方聆著. —北京：中国纺织出版社，2019. 3

ISBN 978-7-5180-5919-5

Ⅰ. ①提…　Ⅱ. ①方…　Ⅲ. ①儿童心理学 Ⅳ. ①B844.1

中国版本图书馆CIP数据核字（2019）第012323号

责任编辑：江　飞　　责任校对：武凤余　　责任印制：储志伟

中国纺织出版社出版发行

地址：北京市朝阳区百子湾东里A407号楼　邮政编码：100124

销售电话：010—67004422　传真：010—87155801

http：//www.c-textilep.com

E-mail：faxing@c-textilep.com

中国纺织出版社天猫旗舰店

官方微博http://weibo.com/2119887771

北京玺诚印务有限公司印刷　各地新华书店经销

2019年3月第1版第1次印刷

开本：710×1000　1/16　印张：14

字数：154千字　定价：45.00元

序

从现在起，培养孩子成为一个内心强大的人

若干年前，我开始思考这些问题：为什么只要别人指出我的一点不足，我就犹如被蜜蜂蜇了一样，疯狂地大叫、反击？为什么别人一拒绝我，我就万念俱灰，觉得全世界都背叛了我？为什么一有什么事情没做到，就对自己深深失望，感觉自己是最失败的人？为什么我会有“被伤害人格”，容易陷在被伤害的情绪中无法自拔？

同时，我也对这些现象感到迷惑：为什么有些人名利双收，被他人疯狂拥戴，还会选择自杀？为什么有些人一出生就应有尽有，还会堕落沉沦？为什么有些人聪明绝顶，学业优秀，却选择结束自己年轻的生命？为什么有些人非要用怒吼、攻击、武力来表现他的强大？

在经过很长一段时间的觉知、思考和学习之后，我终于找到了答案，都是因为内心不够强大！因为内心不够强大，我们无法掌控自己的内心和承受打击。但是，我认为这不完全是自己的错。就拿我个人来说，从小到大，从来没有人给我专门上过这一课，父母、老师或是书本，没有人告诉过我什么是内心强大？为什么要内心强大？如何才能内心强大？我在这方面的认知几乎是零。同时我发现，不仅是我，我身边的很多人内心也不强大，对此也没有太多的认知。

我们都缺失这一课。

同时我也发现，学过这一课程的人，他们的人生大有不同：外界的声音、别人的态度、挫折与失败拿他们无可奈何，他们情绪稳定、心境平和、情感独立、专注于当下的自己，他们早早就知道自己要的是什么，较为顺利地拥有了自己想要的生活。而我为此却花费了很长时间。

所以我觉得，每个人都有必要学习这一课，尤其从童年开始。

每一个成年人的心理问题几乎都可以追溯到童年、追溯到父母、追溯到原生家庭。如果人的心灵是一颗种子，父母就是这颗种子的播种者、培育者，种子没有成长为一棵强大的树，多半是父母的播种和培养出了问题。一个人心灵的弱小，是从童年时就开始的；一个人心灵的强大，也是从童年就开始的。

意识到这一点并承认这一点，父母需要觉知、需要勇气。觉知之后你才能发现，孩子很多弱小的地方都是由自己不当的教养方式造成的，勇敢地承认这一点，你才愿意去改变、去学习，去尝试培养一个内心强大的孩子。

心理弱小意味着把对自我的主控权拱手让给了他人、让给了外界、让给了命运，让给了那些可以掌控自己内心的价值观念和社会规则。孩子来到这个世界上，并不是为了承受这些心理折磨的，而是为了掌握自己的命运，做自我的主人，享受活着的乐趣和美好。

所以，培养一个内心强大的孩子，是父母的终极责任。

这件事的最大意义是，一个平凡的孩子、一个生活境遇上并不优越的孩子、一个不那么优秀和成功的孩子，也有足够的勇气和底气对有可能给他带来心理伤害的一切说“不”！即便他除了善良一无所有，也不会在心理上处于弱势。并且，因为心理上的强大，他更容易获得财富、优秀、成功、外界的认可等。

因为心理强大，每一个孩子都可以获得心理上的幸福。

这，不值得父母为此努力吗？

所以，从现在开始，培养孩子成为一个内心强大的人吧！

在本书中，我把自己的很多觉知、体验融入其中，通过对自己如何由一个内心弱小的孩子成长为一个内心强大的大人的剖析，以及许多亲身经历过的案例的剖析，来破解那些控制我们的心理法则。所以，本书不但对孩子有用，对父母也有用。希望父母和孩子们能通过此书得到实实在在的收获。

是为序。

方 聆

2018年8月

目录

7 自我成长能力：获得不断强大的能量

8 自我保护能力：孩子内心强大的必备技能

9 父母的支持：孩子内心强大的有力根基

1 培养内心强大的孩子，做自我的主人

为什么要培养内心强大的孩子？因为内心强大的人才能拥有对人生的主动权，才能成为自己人生的解局人，才能摆脱原生家庭对自己的影响——内心强大的人，才能做自我的主人，掌握自己的命运。最重要的是，它能够使自己的内心获得力量、平静与和谐，让自己过得幸福！

培养内心强大的孩子，势在必行

说到内心强大，一些父母会认为这是成年人才应该关心的话题，孩童不太可能内心强大。这固然是事实，但是一个人成年后内心强大与否与他童年时的境遇、经历、认知及父母的养育方式有密切的关系。曾接触过这样一个案例。

一个小孩在3岁时被父母送到乡下由爷爷奶奶抚养，小孩想念爸爸妈妈，每次爸爸妈妈去看他时，他就拼命央求爸爸妈妈带他回去。但爸爸妈妈不肯，并说："你表现好，听爷爷奶奶、爸爸妈妈的话，我们就带你回去。"小孩果然很乖，很听话，一年后，爸爸妈妈终于把他接回到了身边。但是，他依然很乖、很听话，丝毫不敢像其他小孩那样撒娇、任性、发脾气，因为他怕自己不听话爸爸妈妈又把他送回乡下。他小心翼翼地讨好着爸爸妈妈，只要爸爸妈妈皱一下眉头，他就会异常地紧张。

长大后他发现，他被自己的这种性格奴役了。他完全形成了讨好型人格，对任何人都毕恭毕敬，谁的要求都不敢拒绝，什么要求都不敢提，说话做事都小心翼翼，只要别人流露出一点对他不满意，他就陷入了深深的检讨和自责中。但就算这样，他还是没有得到所有人的喜欢，依然有人嫌弃他、欺负他，欺负他的时候，他也不敢和人家吵架，只能默默承受痛苦。

没有无缘无故的强大，也没有无缘无故的弱小，一定是成长中的某件事或某些事造成了一个人成年后内心的强大或弱小。而童年时的经历对一个人的影响尤甚，因为孩童缺乏辨别能力、抵抗能力，他的内心可以轻易地被一些人或一些事操控。

不过这些孩子还好，虽然痛苦，虽然弱小，但还是在磕磕绊绊中长大了。有些孩子则直接夭折在了路上。

打开网络搜索“学霸自杀”，会看到多条这样的新闻：

2014年4月，山东滕州一位16岁的中学生跳楼自杀。

2016年5月，安徽芜湖一高三学霸因父母逼其必须考上名牌大学而跳楼自杀。

2013年11月，广州一个初二学霸跳楼自杀，被判定为“为情自杀”。

2016年3月，一位被誉为“史学研究天才少年”的西安学生，在患有抑郁症半年后，选择自杀离世，年仅18岁。

……

这些学业优秀的孩子，本是父母的骄傲，同学羡慕的对象，为什么会走上自杀的不归路?

其中一条新闻标题道明了真相——成都学霸自杀事件警示：内心不强大的孩子走不到最后!

一语惊醒梦中人！只因内心不强大，所以无法应对生活中的挫折和变化，因而选择结束自己年轻而美好的生命。看着这些凋落的花朵，很多人心中都会充满疑问：究竟遭遇了什么，使他们甘愿舍弃美好的生命?

当然，自杀的事例总是少数，更多的时候，内心不强大给自己带来的是这样的烦恼。

我的一位朋友向我倾诉：想到大城市闯荡，又舍不得家里安逸的工作；想重新选择感情，又放不下昔日的恋情；对工作环境、人际环境感到不满，又不知该如何处理。为此，他心中纠结不安。在他人面前强颜欢笑，独处时痛苦难当，甚至怀疑自己得了精神分裂症。

要说我这位朋友，人也非常优秀，他聪明好学，一路考上研究生、公务员，在单位又受领导器重。有才华，有能力，按说到哪里都能生活得很好，可偏偏迈不开尝试新生活的脚步，作出任何一个抉择都艰难万分，厘不清自己的方向在哪里。他说，考研究生、公务员都不是自己的选择，是被别人推到这条路上来的。这不是自己想要的生活，但又没有勇气放弃。

这样的烦恼很多人都有，它的根源依然是“内心不够强大”：不能很好地处理内心的各种冲突，没有足够的心理能量承担选错的结果，承受负面事件和处理负面情绪的能力不强。

内心不强大的孩子无法令自己快乐；内心不强大的孩子走不到最后；内心不强大的孩子无法面对选择……这些案例还只是冰山一角，生活中还有许许多多的孩子因为内心弱小正面临着人生困局，还有许许多多的问题需要内心强大才能解开。

有的父母可能会觉得，这些问题固然严重，但大部分都是成人才会面对的复杂局面，我的孩子还小，不会遇到这么复杂的情况。这固然没错。但“罗马不是一天建成的”，人生不可能“突变”——一个人的弱小是从童年开始的，一个人的强大也是从童年开始的。不会解决童年时的小烦恼，无力承受童年时的小挫折，又如何能解决成年后的大烦恼，如何能承受成年后的大挫折？人，不可能在人生的某个节点突然变得强大。

童年也会面对许多压力、挫折和诱惑，孩子的学习出现问题，生活出现问题，很多时候都不是能力的问题，而是心理的问题。而且，一些童年时安然无恙的孩子，成年后才暴露出问题。所以，培养内心强大的孩子，势在必行，从童年就应该开始。

综合来说，内心强大对孩子的一生究竟有什么样的影响呢?

1.拥有对人生的主动权

内心不强大的人很容易被命运推着走。因为他们没有坚实的自我构建的精神世界，所以不知道自己真正要的是什么，或者知道但不敢发声、不敢追求。例如讨好型人格，他们讨好世界的言行并不是发自内心的，而是被别人的态度控制的；有外在评价系统的人，他们的喜怒哀乐被别人左右，别人可以决定他们的心情上天堂或是下地狱；而独立性不强的人，他们的人生选择要么由别人决定，要么随波逐流，总之，都不是自己的主动选择。所以，内心不强大的人，失去了对自己人生的主动权。

而内心强大就是要拿回对自己人生的主动权：我想怎么说、怎么做听从我内心的声音，而不是外界的声音，关于我的一切我有力量去做主，并有能力承担后果。

2.成为自己人生的解局人

从本文的案例可以看出来，内心不强大的人的人生就像一张网，其中编织着太多的烦恼和痛苦。前进一步是烦恼，后退一步也是烦恼。如果自己不懂得解开这张由各种烦恼编织的网，自己一生就会受困在里面，被各种烦恼和痛苦缠绕，当承受不住的时候，就选择结束自己的生命。人生只能这样吗？当然不是。人完全可以成为自己人生的解局人。钥匙就是成为内心强大的人！通过改变认知、改善性格、增强心灵恢复力等，让烦恼和痛苦由大变小，渐渐消失，最终达到前进一步海阔天空，后退一步也海阔天空的境界。

3.摆脱原生家庭对自己的影响

人唯一无法选择的是自己的家庭，而一个人的心理问题大部分都可以追溯到自己的原生家庭。所以，摆脱原生家庭对自己的负面影响成了每个人重要的人生课题。内心强大可以帮助人们实现这一点。内心强大着重修炼的心理修复能力、与世界和解的能力、自我成长能力等，都可以帮助自己突破原生家庭对自己的困扰和制约，拥有一个更美好的人生。也就是说，即便你出生时拿的是一副烂牌，但如果能做到内心强大，也可以把这副烂牌打好。总之，成为内心强大的人，就可以突破一切桎梏，自己掌握自己的命运。

这就是把孩子培养成一个内心强大的人的必要性。

或许你遗憾不能给孩子足够好的家庭条件，不能成为他心目中的理想父母，但如果能把孩子培养成一个内心强大的人，就是赠予他的一份厚礼。这份礼物的重量胜过一切你能够给他的有形的东西，因为，它可以使孩子的人生不设限。

什么才是真正的内心强大

我发现，许多人对“内心强大”四个字有误解。我不只一次听人说过，内心强大就是能忍常人所不能忍，内心强大就是心有城府，甚至有人说内心强大就是“厚黑”。所以我觉得有必要在开篇之前探讨一下，什么才是真正的内心强大。如果连基本的概念都没弄清楚，那么很难培养出真正的内心强大的孩子。

1.拥有权力、财富、成功，算不算是内心强大

如果谈论强大，权力、财富、成功带来的“强大感”应该排在第一

位，因为这三样带来的内心优越感太明显了。

我们都有去某个机构办事的经历。机构的工作人员趾高气扬，脸难看、话难听，很简单的手续却让我们跑很多次，无论我们如何着急、焦躁、疲惫，他们都无动于衷，甚至心中颇为得意。

小孩A在小孩B面前炫耀：“看，这是我爸爸从美国给我买的玩具。”小孩B看了看自己手中的玩具，那只是妈妈在附近的小超市花10元钱买的。然后，他羞愧地低下了头。

一个人有房有车且是一家跨国公司的部门总监，动不动就给身旁的人上课：“你要像我一样努力，一样成功，才算活得有价值。”

机构工作人员在客户面前、小孩A在小孩B面前，跨国公司部门总监在朋友面前，是不是内心强大？现在，我们去掉他们的身份、道具，或置换一下场景，机构工作人员不再在那个机构上班，小孩A现在没有了爸爸从美国买的玩具，跨国公司部门总监遇到了一家跨国公司的董事长，他们的内心还有优越感吗？或许，他们膨胀的内心会迅速萎缩，优越感顿时丧失。

所以，这不是真正的内心强大。真正的内心强大是建立在自我上面，不是建立在自己占有的东西上面。占有的东西很强，不代表他们的内心就很强。如明星、富豪、成功人士中都有自杀的案例，这说明权力、财富、成功并不能绝对使一个人的心理变得强大。不过，它可以给人带来一定的自信，因为它在某种程度上证明了一个人的能力。但是，如果一个人在失去权力、财富、成功时依然自信，那他有可能是真正的内心强大。

2.聪明、优秀是不是内心强大

小孩A很快拼好了一副拼图，但小孩B怎么也拼不好。小孩A不屑地对小孩B说：“你真是个笨蛋！”小孩B羞愧地低下了头。

小孩A在小孩B面前展示自己的试卷："看，我考了100分。"小孩B看了看自己的试卷，羞愧地低下了头。他只考了60分。

小孩A在小孩B面前是内心强大吗？如果聪明、优秀是内心强大，那些学霸为什么会自杀？聪明、优秀的人之所以嘲笑不够聪明和优秀的人，是高智商带来的优越感，是来自头脑的优越感，不是来自心理的优越感。他们有可能智商很高，心理上却很懦弱。例如有些高智商的人在遇到危险时心理会迅速崩溃，完全忘记了调动他们的智商。

但是，如同权力、财富和成功能带给人自信一样，高智商也能带给人一定的自信。因为他们凭借高智商就能解决别人解决不了的问题，从而增加了对事情的把握能力和对危险的防御能力，达到了心理强大的人所能达到的效果。如诸葛亮，他能通过观天气、星象来把握战争的输赢，这种智商上的强大也带来了诸葛亮心理上的强大。但是，不是每一个高智商的人都能像诸葛亮那样同时心理也很强大。换一个人实施空城计未必能成功。

所以，聪明和优秀有助于人的内心强大，但它不等同于内心强大。

3.身体上的强壮、权威是不是内心强大

高年级的同学A勒索低年级的同学B："不把零花钱给我，我就打你。"面对比自己更强壮的同学的威胁，同学B只能乖乖地把自己的零钱给同学A。

孩子调皮捣蛋，爸爸噼里啪啦把孩子打了一顿，说道："我不信我一个大人还治不了你！"孩子大气也不敢出。

高年级同学在低年级同学面前，父亲在孩子面前是内心强大吗？当然不是。因为他们不是在一个天平上比较。他们一个用身体上的强壮，一个用父亲的权威来压制对方、迫使对方屈服，这不但不是强大，还是恃强凌弱。

4.超凡脱俗、出世是不是内心强大

放下欲望、超凡脱俗、看破红尘、信教、出家是不是内心强大？我认为，这是一种不让自己痛苦和烦恼的手段，但也可以说，这是一种心理上的逃避。因为无法承受世间的痛苦，所以找一个方式让自己从心理上不在乎。它确实可以让自己的内心得到平静与和谐，但它是以牺牲欲望带来的快乐为代价。这种境界只有极少数人能达到，不是我们提倡的内心强大。我们可以在修炼自己强大的内心时借鉴它的思维方式，以出世的方式去入世，但不一定要像他们那样去生活。

5.极端分子、杀人犯是不是内心强大

有时候，我们会佩服那些极端分子和杀人犯，他们能在强大的压力下与世界为敌，内心不强大怎么可能做到这一点？但是，我们提倡的内心强大是建立在心理健康的基础上，极端分子、杀人犯的心理则已经变态，他们的内心被愤怒控制，行为被情绪支配，他们想要毁灭世界的原因正是他们内心的恐惧不安。例如，那些喜欢打架的孩子不是因为他们内心强大，而是因为他们的内心太弱小了。

从道德上来说，我们提倡的内心强大并不会伤害这个世界和这个世界上的任何一个人，我们只是想要保护自己，发展自己，让自己生活得更幸福。所以，带着愤怒和仇恨的攻击行为，不管多么有力量，也不是内心强大。

至于一味地隐忍、内心城府、“厚黑”等，只能算是混社会的伎俩，是一种鸡贼似的小聪明，更谈不上内心强大。

以上都不是真正的内心强大，那么，真正的内心强大是什么？我认为，应该符合以下几个标准：

1.有自我的认知体系

内心强大的人，他们的心理优势不会建立在权力、金钱、成功、优秀、智商等外在评价系统上，因为这些不是每个人都能得到的，并有可能随时失去，而是建立在内在评价系统上，即“我总能找到我的特点和优势，这使我可以自信”。他们通常会有一套自己的认知体系来解释自我和这个世界，这使得他们可以不太理会别人对他的看法。他们不以占有这个世界为目的，所以这个世界也操控不了他们，但他们的内心却可以操控这个世界。他们可以在任何人、事面前都保有心理优势，在人格上，他们更是有着高度的自尊。他们可以通过自我（现实原则）构建的世界来调节本我（快乐原则）和超我（道德原则），使这三者达到平衡，从而使内心始终处于平衡的状态。

2.理智与情感的平衡

内心强大的人既不会一味理性，也不会一味感性，而是会用理性来调控情感，用感性来表达理性的思维。他们既能客观地看问题，同时又不失同理心；既能坚持自己的信仰，又能根据现实情况灵活转变面对外界的态度。他们游走在理智与情感之间，保持着两者的平衡。

3.意识与潜意识的和谐统一

头脑指挥着人的意识，心灵指挥着人的潜意识。精神分析学家弗洛伊德认为，人类的心理活动分为意识和潜意识。意识通往外部世界，符合现实原则，倾向于道德和责任，更加理性，大多来自父母或社会的影响。但对人的心理真正产生影响的却是潜意识，潜意识代表着原始冲动和本能，是人无法直接得到满足，被压抑起来的需求和欲望，但它随时会被激活。如果这两者不能统一，头脑（意识）指挥人这样做，心灵（潜意识）指挥人那样做，人的内心就会陷入分裂。所以，内心强大的人能使这两者得到较好的统一，意识让人这样做的时候，潜意识愿意去配合；潜意识想去这样做的时候，意识不会谴责。这样，人的内心才会得到和谐与平静。

4.内心没有较大的冲突

冲突除了来自本我和超我、意识和潜意识不能统一之外，更多来自认知上的冲突。如互相矛盾的动机、目的、利弊，混乱的价值体系，各种不合理的认知，虚假的自我等，都会带来内心的种种冲突。心中若充满冲突，内心同样会陷入分裂和混乱。而内心强大的人能很好地从这些冲突中突围而出，为自己的内心找到落脚点。这需要人了解真实的自己，知道自己真正想要的是什么，活出真实的自我，提高自己的认知水平，才能从纷乱的冲突中迅速找到重点，使内心归于平静和有序之中。

以上几点总结来看，其实就几个字——统一和平衡，因为人的内心一旦分裂和失衡，便会陷入各种负面情绪之中，甚至心理崩溃。这时，人就不可能有心理能量去抵御挫折、应对变化、做各种事情。所以，真正的内心强大是有能力使自己的内心获得平衡、和谐和平静，并在此基础上，充分调动自己的智商、情商、逆商、认知等，发展自我，创造自己所能创造的一切。心理学和心灵鸡汤的重要区别是，心灵鸡汤强调后者，而心理学要先解决前者，心理问题没有得到解决，人的智商、情商、逆商等根本就无法得到充分发挥。

从以上探讨可以得出，在心理强大这个问题上，每个人都是平等的，不管你出身如何、是否聪明优秀，拥有多少财富，每个人都可以内心强大。也就是说，父母只要按照正确的方法去培养，孩子只要按照正确的方法去修炼，每一个孩子都可以成长为内心强大的人。

培养孩子内心强大的八种途径

内心强大不是天生的，它来自三个方面：基因的影响、父母的培养和自我的修炼。基因对人的影响有强有弱，有好有坏，在漫长的人生中也会被改变。而由于年龄的限制，孩子尚没有自我修炼的意识和能力。所以，父母的培养就显得尤为重要。

内心强大不是一个单一的心理范畴，它是一个复杂的心理体系，也许人终其一生都无法修炼得百分之百强大，但修炼内心仍然十分有意义。内心越强大，人越容易感受到力量、平静、温暖、和谐。内心强大不一定能让人成功，但一定能提升人的幸福指数。所以我们有必要培养孩子成为一个内心强大的人。

那么，如何去培养？一切目标皆有途径，培养内心强大的孩子也有八种途径。

第一种途径：正能量培养

内心强大的人心中不容易产生负面感受，而这是有原因的，即他们自孩童时期心中就充满了很多正面感受，这使他们能够抵御外界力量的侵袭，正面感受来自正能量培养。

所谓正能量培养，就是父母利用语言和行为的心理暗示作用，在孩子的潜意识中写入“你是好的、你是有价值的、你是值得爱的”等正面信息，使孩子形成自尊心、自信心、高价值感等正面感受。这种感受能够帮助孩子抵御挫折、乘风破浪、开拓人生，也使孩子在与他人的相处过程中输出正能量。也就是说，你用正能量培养孩子，孩子就会用正能量去展开他的人生。

正能量培养是孩子一生内心强大的基础。

第二种途径：提高心理修复能力

内心强大的人除了不容易产生负面感受外，还可以在产生了负面感受后能迅速摆脱掉，使心情恢复到像没有受到伤害时那样。这就是心理恢复能力，也叫作心灵恢复力。恢复的速度越快，心理修复能力越强。

通俗地说，就是抗挫力和抗压性比较强。心理修复能力强的人甚至可以把挫败当成一种考验、一种动力，而非压力，从而从挫败中得到历练和收获。这使得他们不是那么害怕拒绝、失败或打击，敢于追求和挑战。

这除了需要正能量培养之外，还需要父母在孩子的头脑中植入正确的价值观及合理的认知，使孩子能够正确地看待挫折与压力，很好地化解内心冲突。如果说正能量培养是感性培养的话，那么提高自我修复能力则是理性培养。前者让孩子变得温暖，后者让孩子变得理性和坚强。

第三种途径：增强柔韧性

内心强大的人能够使自己与周遭的一切保持和谐，因为他们有一种能力叫作柔韧性，即他们不但可以“强”，也可以弱、可以柔、可以钝，这种能力可以达到强硬的力量无法达到的效果。所以，培养内心强大的孩子就要培养他们学习柔软地与这个世界相处，无须总是紧张兮兮、剑拔弩张，而是可以松弛地、充满弹性地去生活，需要自己强的时候不畏缩，需要自己柔的时候不逞强，可强可弱、刚柔并济。

第四种途径：保持稳定的心理状态

世界充满变化、诱惑和打击，但这都无法干扰我的内心，影响我去做我想要做的事情，这就是稳定的心理状态。做不到这一点，就无法掌控自己的学习、工作和生活。所以，能掌控外部世界的人，首先能掌控自己的内心。培养内心强大的孩子，就要培养他这种稳定的心理状态，能够专注、自律、控制自己的情绪，让自己的生活通过有序的内心变得有序起来，从而有一个良性循环的发展。

第五种途径：提升独立能力

当一个人在经济上、精神上都独立时，便很少再害怕什么，因为他在各方面都无须再依赖他人而活。所以他不害怕失去，不会恐惧选择，能够牵绊他的东西越来越少。所以，不独立，就会不强大。培养孩子的独立能力应该从各种大大小小的事情开始，放手让他去做，提升他的自我效能感和自信心。同时尽量让他接受好的教育，掌握更多的技能，从而拥有独立的资本。

第六种途径：提升自我成长能力

人生漫长，不能总是靠父母培养。人必须有自我成长的意识和能力，自己去培养自己变得强大。父母给予自己的总是有限的，而自己给予自己的只要愿意去挖掘却可以是无限的。若一生能督促自己不断成长，那么或早或晚都能成长为一个内心强大的人。所以这不是一朝一夕的事，父母不用太着急，要按照孩子的节奏和步伐慢慢来。当孩子有了自我成长的意识和习惯及较强的行动力，内心强大就是顺其自然的事情。

第七种途径：增强自我保护能力

世界既美好又危险，父母又不能时刻陪伴在孩子身边，所以自我保护能力成了内心强大的孩子必须具备的能力之一。当面临伤害时，该如何自救；当伤害已经发生时，该如何解脱；即便没有遇到伤害，又该做哪些保护自己的准备。具备了这些知识和能力，才能成为可以保护自己的强大的孩子。

第八种途径：父母的支持

水有源头，孩子的强大也有根，这个根就是童年时父母的支持。父母给他的根基越扎实，孩子越容易走向强大。这个根不是优越的家境，也不是父母成功的身份，而是给孩子的爱、和谐的亲子关系、良好的熏陶和培养，这些足够多，足够好，孩子走向世界的步伐就更轻松、更坚定。父母是孩子的模板，原生家庭里蕴藏着孩子太多的未来，因此，给孩子最好的支持，就是给孩子一个美好的、强大的未来。

成为一个内心强大的人，说难不难，说易不易。区别就在于童年时父母给了孩子什么。如果在童年时就把以上这些输入孩子的生命中，那么他走向强大是自然而然的事情。但如果不能，孩子就需要在曲折的人生中自我摸索、自我修炼，可能会变得强大，也可能一生都在内心的虚弱中度过。

所以，通过这八种途径，让孩子走向通往内心强大的那条路。这是父母给孩子的最正确的指引。

2 正能量培养：为孩子的内心储存心理能量

孩子刚出生时，他的内心就如一颗孱弱的种子，需要一块肥沃的土壤才能逐渐成长，变得强大。而及时回应、及时满足、信任和鼓励及体验等正能量培养，就是为这块土壤撒下的养分。养分充足，土壤变得肥沃，孩子的内心就会渐渐强大。

心灵的丰盛是孩子一生强大的心理资本

所谓内心强大，就是有足够的心理正能量与生命中的负能量抗衡，这种心理正能量从何而来？成年后，靠自己修炼。幼年时，则靠父母的给予。幼年时父母为孩子的内心输入的正能量越多，孩子这一生可以与命运抗衡的正能量就越多。也就是说，童年时丰盛的心灵是孩子一生强大的心理资本。

民国才女林徽因是我们熟悉的人物。民国才女众多，为何林徽因最为耀眼？爱慕徐志摩的女人众多，为何徐志摩唯独对林徽因用情最深？张幼仪、陆小曼和林徽因三个女人都出身富裕的家庭，为何林徽因一生最为顺遂和幸福？

作家闫红在她的一堂微课上告诉了我们答案。林徽因是真正被“富养”即正能量培养的女孩。闫红说：

张幼仪、陆小曼和林徽因皆出身富贵之家，也都受过不同程度的学校教育，但父母对她们教养的态度和方式却大有不同。

张幼仪的父亲从小就告诉她，女人是一文不值的。父亲平时很少和她沟通，对她基本是冷暴力。她仅在学校学习三年，就被父亲剥夺了读书的权利。由于从小被忽视、被冷遇，张幼仪的自我认知度很低，形成了自卑，只懂付出、不懂拒绝的人格。长大后果然受到徐志摩的嫌弃，面对徐志摩的逼婚（离婚）即使内心不情愿也没有勇气拒绝。虽然张幼仪的后半生非常励志，由一个家庭弃妇成长为令世人仰望的事业女性，但内心始终不自信，尤其是在感情上，始终认为自己不值得被人爱。

陆小曼的父亲倒是对女儿非常疼爱，但他疼爱的方式就是在物质上极度满足她，这培养了陆小曼对物质极强的占有欲，使她养成了奢侈无度的生活方式。这种生活方式使陆小曼一生沦为物质的奴隶，为了物质她可以轻易开口向男人借钱，晚年时甚至因此沦为有妇之夫的情妇，而从来没想过靠自己生活。虽然陆小曼也有一些艺术才华，但因精神上的格局不够大，所以并未取得明显的成就。

林徽因的父亲就不同了。从林徽因幼年起，父亲林长民出门在外都会给女儿写信，告诉女儿：父亲非常爱你。看到好的风景，也会写信告诉女儿：可惜没有把你带在身边。即使不在女儿身边，父亲的目光和感受也和女儿紧密地联系在一起。林徽因16岁时，父亲利用出差的机会带她游历欧洲，给她最广阔的见识。精神上极度被满足的林徽因16岁就立下自己的人生志向；面对风流才子徐志摩的疯狂追求理智拒绝，选择和自己更加志同道合的梁思成；一生家庭幸福、事业成功，佳话流传。

这三个女人，出身背景和天生资质并没有大的不同，可就因为父母教育方式的不同，导致了她们完全不同的命运。张幼仪从小被父亲“穷养”，并被父亲输入了太多“负能量”，这导致她一生自卑脆弱。即便成人之后意识到了这个问题，不停地修炼自己的内心，还是难以根除骨子里的自卑，特别是在亲密关系方面。

陆小曼虽被“富养”，可只是物质上的富养，精神上依然贫瘠。也就是说，他的父亲只是用物质“喂饱”她，却从未为她的内心输入能量，导致陆小曼一生在精神上难以独立，年轻时用吸毒麻醉自己，年老时为获得物质出卖自己，在混乱不堪中度过自己悲哀的一生。

相比较而言，林徽因的一生就显得顺利和幸福许多。因为从小被正能量培养，精神上被很好地富养，她从小就有极大的安全感和自信心，精神独立，能够自主选择自己的道路：16岁时看到别人在欧洲街头画建筑，早早立下了自己的职业选择和人生志向，这是她在事业上取得成功的重要原因之一；不会轻易被外界影响，面对徐志摩的疯狂追求，没有迷失自我，而是理智地拒绝诱惑，然后选择了更加适合自己的梁思成，这是她家庭幸福的重要原因之一。

这三个女人的故事告诉我们，童年时父母的培养方式影响着孩子的一生。被富养或正能量培养的孩子内心会更加强大，物质和精神都会更加独立，精神格局也比较大，所以更容易在事业上取得成就，在个人生活上作出正确的选择，一生会顺利和幸福许多。

因为人的内心是一个能量系统，要输出什么，先输入什么，才能实现能量循环。在童年时为孩子的内心输入正能量，在以后的人生中他才能随时提取以应对人生复杂的局面。如果父母为他的内心输入的是负能量，他也只有负能量（自卑、脆弱、无力等）可以输出。例如张幼仪，虽然她在后半生通过自我修炼给予了自己很多能量，也变得相对强大，但人生已经走了许多弯路，付出了很多艰辛。而且她这种强大总是不及林徽因——何时何地面对何人何事都能够自信满满。当然，也不是每个人都是张幼仪，都有自我修炼的意识和悟性，例如陆小曼。

所以，正能量培养可以说是童年时父母给孩子储备好的巨大财富，这种财富他一生都受用不尽。因为这种财富就好像是动力源，孩子在这个基础上能够不断再创造出新能量。被正能量培养的孩子甚至不需要父母教他们如何去活，因为他们的精神大格局会指引他们在人生的每一步都作出较为正确的选择。

正能量培养为什么会有这样的效果呢？因为它实现了两点：

1.使孩子的内心避免了匮乏感

被负能量培养的孩子，心中会充满匮乏感。如果物质上被穷养，也会充满物质上的匮乏感，这首先会使孩子的内心变得沉重。其次，会使他们更倾向于向外索取，而不是自我满足，即不独立。例如，在父母那里没得到足够的爱的孩子，在婚恋中会向伴侣拼命索取，而一旦得不到，又会陷入更强烈的匮乏感。而正能量培养则会使孩子的内心变得富足和充实，他们无须总是向外索取，在物质上和情感上都更独立。

如何更好地避免匮乏感呢？心理咨询师李雪曾经给过这样一些类似的方法：满足孩子的时候大大方方地满足，不能满足也大大方方地告诉孩子。而不是一边满足又一边很不情愿地拼命向孩子强调：“我们家不富裕，你不要总是要东西。”即使物质上不太富裕的家庭也能给孩子创造富足感，如隔一段时间主动满足孩子的一个小愿望，而不是等着孩子要，父母又强烈拒绝。也可以在满足孩子愿望的时候请他和小朋友们一起分享，这会给孩子的内心带来富足感：“我是一个富有的人，我有东西可以跟我的朋友们分享。”关键是要给孩子的内心创造富足的感觉，而不在于孩子拥有多少物质。

2.创造了精神上的丰盛流动

被正能量培养的孩子的内心不但是丰盛的，而且是流动的。首先，自身能够实现能量的循环流动。这使得他们充满活力，更有生命力和创造力。其次，他们的能量能自然地流向外界。例如他们在关系中更容易付出，更愿意照顾对方的感受；他们更愿意去分享，而不是占有。

总之，正能量培养带给孩子的内心感受就是：我是一个富足的人，充实的人，有价值的人，这些能量是孩子一生内心强大的心理资本。而要实现这一点，需要从多种渠道对孩子进行正能量培养，即及时回应和适当满足，信任和鼓励，体验等。

什么是孩子长久的人生保障？不是优越的物质，而是用正能量培养给予他一个优越的心灵。物质上的富养不是每个父母都能做到的，但精神上的富养，只要父母愿意尝试，几乎每个父母都能做到。要让孩子将来什么都不怕，就在童年为他储存下这些心理能量。储存得越多，孩子的心灵越丰盛，那么他打开人生局面的钥匙就越多。

及时回应，给孩子最大的存在感

婴儿频繁哭闹让我们心烦，可谁知道这其中的深意。其实，那是在寻找一种叫“存在”的感觉——原本我和妈妈一体，待在妈妈温暖的子宫里，可突然我和妈妈分开了，独自来到这个冰冷的世界，这让我感到恐慌。我只有不停地哭闹来呼唤妈妈，当妈妈用温柔的眼光看着我的时候，用温柔的言语回应我的时候，尤其是抱着我的时候，我才会感到安全。我知道，妈妈并没有抛弃我，她依然和我在一起。

妈妈回应我，故“我在”。心理学家武志红认为，刚出生的婴儿把妈妈的回应和“自我”的存在感联系在一起，这是一个人最初安全感和存在感的来源。如果妈妈能持续地及时回应孩子，孩子的存在感和安全感会越来越强，渐渐能够接受妈妈偶尔不在自己身边，因为他有了“自我”的意识——妈妈是妈妈，我是我，但妈妈爱我。在此基础上，孩子才可能有完整的自我，这是他未来内心强大的基础。

但如果父母不能及时回应孩子，或在婴儿期可以，在幼年和童年又不能，那么孩子在婴儿期形成的存在感还会消失。再加之无视孩子的需求，那么孩子就会形成一个破碎的自我，而这个破碎的自我就是他未来内心脆弱的缘由。

什么是没有及时回应呢？

婴儿冲妈妈笑或哭，妈妈没有任何反应，只管做自己的事情。

孩子哭得死去活来，妈妈不安慰，不拥抱，在一旁冷眼旁观，心里想："等你哭够了再说。"

孩子做了一个手工，兴奋地拉着妈妈的手去看，妈妈一把甩开孩子的手："没看到我正忙着吗？有空再说！"

孩子画了一幅画，高兴地请妈妈欣赏，妈妈一眼看到孩子脏脏的小手："还不快去洗手！"

以上都算是没有回应，虽然后两位妈妈作出了回应，但她回应的不是孩子关注的内容，而是自己关注的内容，所以孩子感受到的仍然是被漠视。这两者都会造成孩子内心的失落、空虚、焦虑和破碎。因为自我没有得到确认，所以他们的存在感也没有形成，在这种感受中长大的孩子，很容易在关系中感到焦虑。例如，孩子在交朋友的时候，发生一点小摩擦就会担心小朋友是不是不愿意和他玩了。而长大以后，他也会随时担心别人会不会抛弃他。比如张幼仪。

张幼仪从小被父亲冷暴力对待，忽视、冷遇，这是严重的没有回应。张幼仪想上学，想接受新式教育，但父亲完全不理会她的需求，反而让她早早嫁人。从小被忽视的张幼仪自我价值感很低，在徐志摩面前没有存在感并缺乏魅力，这是徐志摩嫌弃她的原因之一。童年时，父亲的忽视使他对获得父亲的爱没有信心。成年后，她对获得徐志摩的爱也没有信心（精神分析心理学认为，亲密关系或其他人际关系是一个人童年时亲子关系的复制），甚至和徐志摩离婚以后，在和其他人相亲时，她依然没有信心。她说："我对别人有什么用呢？"

"我对别人有什么用呢？"这句话的意思是说：对别人有用，我才是有价值的；而对别人无用，我则是没有价值的。当一个人只用外在评价系统来评价自己的价值时，说明她自身缺乏存在感。

张幼仪的缺乏存在感和价值感与童年时父亲对她的漠视有很大的关系。一个人只有在感到被重视时，才会有价值感，而及时回应和及时满足就是对一个人最好的重视。例如，我们在最快的时间得到一个人的微信回复，就会有一种被重视的满足感，并由此对这段关系的良好发展感到自信。父母的及时回应对孩子来说也是如此，自己的声音被父母“秒回”，孩子就确认了“父母是爱我的，而且我值得父母这么对待”，这是他价值感的来源。

孩子一旦有了存在感之后，就不再过多地向外索取关注，而是可以安心做自己的事情。婴儿有了存在感之后，就不再频繁哭闹，而是可以安心地睡觉；儿童有了存在感之后，就不会总是要父母陪伴，而是可以专注地玩耍和学习；成人也是，一旦在伴侣那里得到存在感，注意力就会从伴侣身上收回来，专心做自己的事情。简单地说，就是人有了存在感之后，孩子不会闹，大人不会“作”，就有了心理能量专注于自己。而这种心理能量是通过之前的“及时回应”得到的。

存在感让一个人的心理状态趋于稳定，之后就能够接受他人偶尔的忽视。也就是说，他的承受能力增强了，内心变得强大了。那些成年后对亲密关系等人际关系不患得患失的人，一般是童年时从父母那里得到了足够的存在感的人。

对孩子的及时回应也有方法可循：

1.对婴儿要尽量做到百分之百的及时回应

婴儿要时刻感受到妈妈的存在才有安全感。有时，妈妈上个厕所，一门之隔，婴儿都会大哭不止。因为在他们的认知里，看到妈妈，妈妈才存在。所以，婴儿一哭，一笑，一叫，妈妈最好能够马上回应，回应可以是笑容、语言，也可以是拥抱。妈妈要经常抱孩子，那种

“不要一哭就抱，不然他会依赖父母的怀抱，而且大人也太辛苦”之类的论调其实并不正确。不抱孩子，父母轻松了，孩子的安全感和存在感却被破坏了。

对于婴儿来说，不需要训练他们的独立性，就是要“溺爱”，通过“溺爱”培养他们的安全感和存在感。父母也不要烦孩子的哭闹，那是他发出的需求信号：此刻，我被忽略了。事实上，一旦父母做到及时回应孩子，孩子的哭闹就会渐渐减少。

2.不要因为要求孩子“懂事”而不及时回应孩子

对婴儿的及时回应父母大多能做到，毕竟孩子小应该“宠着”，可一旦孩子大一些有些父母就做不到了。

生活中、网络上、亲子节目中，我多次见过这样的场景：孩子号啕大哭，父母站在一边冷眼旁观，甚至把孩子关到小黑屋里面，冷冷地说：“你哭吧，哭够了再出来。”

父母这么做的理由几乎一样：“这么大了，还这么不懂事，不理你，你自己好好反省反省。”试想一下，我们伤心难过时，是希望他人给自己一个大大的拥抱，还是希望他人冷冷地对自己说：“你好好反省反省。”

没有回应，孩子的世界漆黑一片。被父母这么对待的孩子，要么真的不哭了，但不哭的原因并非因为“懂事”，而是对父母的回应感到绝望，以后再有负面情绪可能不会再表达，而是压抑在心里；要么会哭得更厉害，企图以更高分贝换取父母的回应。

那么父母及时回应会带来什么？可能孩子会马上不哭了，也可能在短时间内哭得更厉害，这是因为孩子的感受被父母看到，情绪得到了彻底的释放。这个时候，父母只需要紧紧抱着孩子让他哭泣，他就会逐渐平复下来。

面对陷入负面情绪的孩子，父母一定要及时回应，回应是一种“治疗”，让孩子从负能量中摆脱出来，同时确认“父母很在乎我的感受”。尤其是不能满足孩子的需求的时候，更要及时回应，告诉孩子：虽然我不能满足你的要求，但我很在乎你的感受。

3.对孩子的负能量要回应，对孩子的正能量也要回应

如果说对孩子的负面情绪回应是用正能量医治负能量，那么对孩子的正能量作出回应就是向孩子的内心输入源源不断的正能量。当孩子开心地和你分享一个话题时，孩子拥抱你的时候，请及时回应他，而不是冷漠不理睬，或者回应道：“没看到我在忙吗？走开！”

孩子给你笑容，你要回应他笑容；孩子跟你分享，你要积极地倾听并回应；孩子拥抱你，你要紧紧地拥抱他。热情的回应就是向孩子的内心注入正能量，有利于孩子形成温暖、开朗、自信的人格和强大的内心。

4.回应孩子关注的内容，而不是自己关注的内容

关注孩子关注的内容，就是最好的回应，即便我们不能满足他的某个需求。当孩子说：“妈妈，星期天带我去公园玩吧。”回应孩子关注的内容是：“妈妈很想带你去公园玩，但妈妈星期天有事情，可不可以下个星期再去？”这个时候，即便孩子的需求没有得到满足，但他的内心依然是快乐的，因为他知道自己内心的声音已经被妈妈听到了，所以他的存在感和价值感没有被破坏。

而回应自己关注的内容则是：“就知道去公园玩，你的学习什么时候能搞好？”这种回应直接略过孩子关注的内容，转向自己关注的内容，对孩子是一种漠视，同时情感上对孩子又是一种打击，会严重破坏他的存在感和价值感。

回应其实是“看见”孩子的感受，并和孩子的情感产生共鸣，也是

对孩子的一种接纳。所以存在感包括被看见、被重视、被关爱、被接纳等正面感受，这些都会被孩子内化为“我”的一部分，成为他健康人格和强大内心的基础。

及时满足培养出真正的精神“贵族”

回应总是和满足联系在一起，因为孩子发出的每一种声音都代表着某种需求，要么是物质需求，要么是精神需求。在及时回应之后，如果父母还能及时满足孩子，那么孩子不但有了安全感和存在感，还有了精神上的富足感。这种富足感来自“我值得拥有这些好东西，我值得被父母如此对待，我得到我想要的东西不需要花费太大的力气”。前两者让孩子得到“价值感”，后者给孩子这样的心理暗示：我可以很轻松地得到自己想要的东西。那么他长大后敢于表达自己的欲求，敢于追求自己想要的东西，不会因为过程的艰辛或结果不如意而却步。

这一点我深有体会。小时候，我没有什么玩具，有一次在街上看到卖气球的，鼓起勇气请求妈妈给我买一个，妈妈拒绝了。妈妈觉得我要吃要喝都很正常，要个气球有什么用呢？又不是多好玩儿。我央求了好久，妈妈还是没给我买。那种失望的心情我到现在还记得。

还有一次，也是在街上看到一个用玻璃制成的玩具，吹一下可以发出声音。我又央求了爸爸很久，他终于同意给我买一个。买了之后，爸爸说他先试一下，结果他吹了一下，那个玩具就坏了。于是，这个玩具我也没玩成。我非常沮丧。

从此以后，我大概再没向父母要过什么玩具，因为我觉得，要一次太艰难，我承受不了被拒绝或者得不到的感觉。

这件事在成人以后给我造成的影响是，我在吃喝方面对自己很大方，可每当想给自己买一个玩具或者装饰品之类的东西时，我都会犹豫半天，内心有一个声音说：这个东西有什么用呢？又不是多好玩的东西。因为当时父母没有满足我，所以我也无法痛快地满足自己。

不过，这件事带给我的影响还不是最大的，最大的是我从小到大都是一个不敢提要求的人，不太敢主动追求感情，也总认为接受异性的礼物是一件不太好的事情，其实是不太敢接受，因为潜意识里总怕自己得不到。我不太相信自己可以很轻松地得到什么，总是觉得费一番周折后再得到才是正常的。甚至觉得自己的拖延症都和此有关。我对拒绝、否定的承受能力也很低。这种感觉一直到成人以后学了心理学才有所好转。

因为父母不能“及时”满足我，所以我也不能“及时”满足自己。做任何事情我都倾向于“等一等”，而不是立刻去做完。这可能是我的拖延症的形成原因之一。其实，拒绝孩子的需求本身就是对孩子的一种否定——你不该有这个需求或这个需求不合理。这会让孩子产生一种物质上的匮乏感和心理上的低价值感，带着这种负能量长大，内心很难强大。也会产生其他两种结果。第一种，认为自己不配拥有好东西，索性也不去努力追求——遏制了孩子的欲望，同时也遏制了孩子的上进心。第二种，越得不到越想得到，长大后沦为物质的奴隶。不管是哪一种，都不会拥有强大的内心。

当然，因为种种客观原因，父母做不到次次“及时”和次次“满足”孩子，怎么办呢？其实，“及时满足”的真正含义是，孩子在表达需求的时候，父母要及时回应，然后能够及时满足的就满足，如果不能及时满足的，就说明不能及时和不能满足的原因。具体如何操作呢？

1.能做到的，要尽量满足孩子的需求

为什么满足孩子的需求和内心的强大有关？因为婴儿出生时，是带着“全能自恋感”来到这个世界的，即我是宇宙的中心，我的所有需求或意愿都会被无条件满足。那么，若被满足，他会感到愉悦，这有助于他形成自信的人格；若不被满足，他就会产生无助、委屈、愤怒、哭闹等情绪和行为，因为他的全能自恋感遭到了破坏。

如果婴儿的全能自恋感得到充分满足，心中就不会有“得不到”的恐惧，那么他反而能够承受偶尔得不到的时刻。因为他对父母产生了信任，他相信父母主观上是愿意满足自己的，之所以不满足是有客观原因的。只是这需要一个过程，这个过程有三个阶段。

第一个阶段：婴儿期，要无条件满足。

婴儿不能承受不被满足的时刻，因为这个时期是“全能自恋感”爆棚的时期。若不被满足，不是大哭大闹，就是表现特别“乖”——对父母的不满足感到绝望，不敢再发声。其表现形式不同，但实质是一样的，即全能自恋感遭到破坏。那么在成长的过程中甚至长大成人后，都很容易陷入敏感脆弱、易怒、哭闹等剧情及极度渴望物质等后果。也就是说，基本都会走向脆弱。

所以对婴儿，要和及时回应一样，也要做到百分之百的无条件的及时满足。婴儿的需求也比较简单，无非是吃喝拉撒睡玩，父母基本都有能力满足。所以父母不要跟孩子较劲，无条件地及时满足他们，让他们的全能自恋感得到充分的满足。

第二个阶段：幼儿期，要尽量满足。

幼儿期的孩子已经有了这样朦胧的意识：这个世界不是围绕着我转的，我的某些需求可能是不合理的，可能不会被满足。但是他们这种意识尚不清晰，也还没有发展起用理智控制欲望的能力，所以其实很难真正承受不被满足的时刻。

那么对待幼儿期的孩子，我们要一边讲道理，一边尽量满足他们的要求。例如孩子经常吃糖，妈妈担心他的牙齿，那么可以这样跟孩子讲：“上次医生跟你说过，继续吃糖你这颗牙齿可能会掉，那以后很多好吃的东西就都吃不了。这样吧，我们每天只吃一颗糖，小小的一颗，这样你既可以吃糖，牙齿又不会掉，好吗？”既要向孩子讲清楚吃太多糖这个需求是不合理的，又要尽量满足他这个需求。

这个时期是巩固孩子的全能自恋感，让他充分相信：爸爸妈妈愿意满足我，只是我的有些需求不太合理。这是为以后真正拒绝他不合理的需求做准备。

第三个阶段：童年期，可以不满足，但要诚实地告知原因。

经过前面两个阶段，孩子的全能自恋感已经得到充分满足，内心对父母是否能满足自己已经比较自信，内心不会有“得不到”的恐惧。也就是说，父母已经为孩子的内心输入了很多正能量，使他有心理能量承受得不到的时候。这个时候，父母就可以大胆拒绝他一些不合理的需求。但要注意，一定要诚实地告诉孩子不能满足的原因。

“这个橡皮泥最近买得有点频繁，是不是买得太多了呢？你想想”或者“这个玩具挺好的，但妈妈没有那么多钱，所以不想给你买”。

可能孩子也会感到有些失落，但一般能够接受。因为他知道不被满足的真实原因，不是父母不愿意，也不是自己的欲求不好，而是客观原因——需求不太合理或者父母的经济能力有限。之所以能够接受也是因为孩子之前被充分满足过，感受已经被充分重视，所以他们也愿意去体谅父母的感受。即在这个过程中，孩子发展出了共情的能力，也就是我们通常说的孩子“懂事”了。这也是他能够承受不被满足的重要原因。

父母一定要诚实地告诉孩子不能满足他的真实原因，而不是抨击孩子的欲望。事实上，欲望就是欲望，没有绝对的不合理，更不是犯罪。所以父母最好不要这么说："你怎么总是要玩具！""这个东西有什么好玩的！"其实妈妈们想一想，你有了那么多件漂亮的衣服，为什么还想买？难道能说自己爱美的欲望是不合理的吗？所以，不要抨击孩子的欲望，也不要从大人的角度去指责孩子的欲望，尤其是明明自己不愿意满足孩子，却指责孩子的需求不好。

2.既然满足就要及时满足、痛快满足

有的父母满足孩子总喜欢讲条件："要吃这个呀，明天做完作业再说。""期末考试考到前三名再给你买。"或者拖延，非要等孩子求了好几次才满足他。人为地难为孩子，为孩子得到某样事物设置障碍。你的目的可能是激励孩子，或者让他更珍惜某样东西，但在孩子的感受里则是一种变相的否定：我只有做完作业才配吃这个，只有考到前三名才配得到这个。这对孩子的潜意识仍然是一种负能量输入，让他产生一种低价值感。无条件的爱才是一种富养，而不是用一个功利的目的去交换孩子的某种需求。

心理学上曾经说过"延时满足"更容易让一个人成功，但心理学家李雪则说"及时满足"比"延迟满足"更让一个人有做事情的动力。为此她举了一个例子：老板每月发给你很低的薪水，却许诺年底发奖金；老板把奖金平均分摊在每个月的工资里，现在就发给你。哪一种方式让你更有做事情的动力呢？延迟满足实际上是"画大饼"，其实是一种穷养。

所以父母对孩子如果能做到及时满足和痛快满足，那就不要犹豫。

有些父母会担心，总是满足孩子的需求，会不会造成孩子的索取无度，造成像陆小曼那样的后果。首先，陆小曼是被父母"过度"满足，而我们只要把握好"度"，实在是不合理的、父母不能承受的需求可以拒绝，那么孩子就不会索取无度。实际上，孩子会自己把握这个度，例如，这个时期他喜欢某种零食，但过了这个阶段你再买给他可能他就不要了。其次，除了物质上，在精神上多满足孩子，也不会造成他索取无度。

满足孩子的需求才能让孩子不迷念物质，因为人只有在物质得到满足后才会追求更高层次的需求——精神需求。而及时满足则是让孩子享受在当下，成为一个时刻都满足、都能享受生活的人。这样的人才有可能成为精神上的“贵族”，去抵挡生活中的风霜。

信任和鼓励缔造孩子的自信基因

后精神分析学派的客体关系理论认为，自信最初来自于内在客体关系，即父母与孩子之间的关系。孩子刚刚出生时，对自我是没有认知的，他的认知均来自于父母对他的态度。父母若相信他，他便相信自己；父母若不相信他，他便不相信自己。如果父母总是不相信孩子，那么在孩子的内心深处就会内化为，自己心目中的“内在父母”不相信自己心目中的“内在小孩”，即“内在小孩”对获得“内在父母”的爱没有信心。这，就是自卑的来源。

父母的信任和鼓励缔造孩子的自信基因，而父母的不信任和不鼓励则缔造孩子的自卑基因。但生活中，不信任和不鼓励孩子的例子比比皆是，它以各种形式出现。

1.比较

“妈妈，诺诺姐姐去学跳舞了，我也想学跳舞。”

“你怎么能跟人家诺诺比，人家长得漂亮，身材好，腿又长，天生就是跳舞的胚子。可你呢，胖乎乎的，小短腿，皮肤又黑，你去跳舞，能好看吗？”

2.比较+打击

孩子兴奋地跟妈妈说：“妈妈，这次考试我得了90分。”

“全班有多少个90分以上的？

“20多个吧。”

“那你高兴个屁啊！”

3.表扬的同时不忘打击

“妈妈，这次考试我得了第五名！”

“哎哟，这次还不错，以前你可总是倒数几名。”

4.数落式的批评

“你看看，这道题，又做错了，您什么时候能细心一点！你说你，不机灵、嘴不甜倒也算了，学习也不行，你倒是有一样给你妈妈长长脸呀……”

5.调侃式的否定

“哎哟，你看人家儿子多懂事，多能干，我能换个儿子吗？”

6.直接否定

“你不行！这个你做不到。”

7.阻止或替代

“这个你别动！”“我来帮你做。”

8.传递负面价值观

张幼仪的父亲告诉她：“女人都是一文不值的。”

我的一位朋友的妈妈从小就告诉她：“女孩不需要那么优秀，女人无才便是德。”

9.嘲笑孩子的失败

“我说你不行吧，你还真是不行。”

10.给孩子贴负面标签

“笨死了！”“胖得像猪。”“慢慢腾腾地像乌龟，你就不能快点啊！”……

用各种方式打击自己最亲近的人，这似乎是人类最残忍的地方。这种残忍不仅出现在亲子关系中，也经常出现在成人世界中。如果我们听到这样的话，也会瞬间脸色变黑，情绪低落吧。如果最亲近的人经常对我们说这样的话，我们很难不怀疑自己的存在价值，甚至会怀疑对方是否欣赏自己、爱自己。

成人尚且如此，孩子就更无法承受了。若孩子不停地被“你很差、你不行、你不好、你是没有价值的”这样的负面信息冲击，就会形成两种结果：第一，认为自己就是这样的，从而失去自信；第二，不接受“差评”，形成叛逆心理，小时候和父母对着干，长大后和他人、世界对着干。比如希特勒，他与整个世界为敌，不惜毁灭世界，正是因为内心自卑，想通过掌控世界来证明自己的强大。这样的人，外在越“强大”，内心越自卑。他的“强大”也特别容易被摧毁。

有的父母会认为，我并不是要故意打击孩子，只是想提醒他的不足，但提醒的方式却有待商榷。其实孩子一切都在学习中，有不足是正常的，我们不必一遍一遍提醒孩子，给他带来负面的心理暗示。有些父母则是在自己的原生家庭里没有得到过信任和鼓励，所以没有学会用这种方式来培养孩子。其实，信任和鼓励孩子也有多种方法和途径：

1.用正能量语言代替负能量语言

给孩子的内心植入自信基因，首先要摒弃上述那些充满负能量的语言，如果真想提醒孩子的不足可以这样表达：“你想学跳舞这个想法很好，但你的自身条件不是那么好，如果要学，就要付出比别人更多的努力哦。”或者根本不需要提醒孩子的不足，更不需要通过比较来让孩子认识到自己的不足，因为对于孩子来说，学习的热情和兴趣大于一切。很多时候，孩子根本不在意自己的不足，他们更在乎的是父母。反复提及孩子的缺点会放大他的缺点，心理学上叫“心理强化”。所以，不妨多“强化”孩子的优点，如表扬、夸赞等，不但可以让孩子变得自信起来，也可以使他的优点更加明显。但要注意，夸大其词的夸赞会让孩子对自己产生错误认知，从会导致盲目自信。因此，夸赞孩子一定要符合事实。

2.鼓励孩子去探索

自信在心理学上又叫作“自我效能感”，即我相信我有能力做好某事。这种感觉建立在过去成功的经验上。一次次去尝试，能力和经验就会累积。一旦做成一件事情，就会感觉到“我行”，每一次“我行”的叠加就形成了自我效能感。所以，不放手让孩子去探索，他就无法拥有“经验”，也就无法形成自我效能感。

父母替孩子去做看似是为孩子好，其实是剥夺了孩子探索世界的机会，也是把这样的信息植入了孩子的潜意识：“我是强大的，你是弱小的。你不行，你做不好，我来替你做。”所以，父母不包办，不怕孩子做砸。如果孩子真的遇到了一些困难，但孩子愿意独自去挑战，那么父母的责任是陪伴孩子去完成，在他需要帮助或遇到危险时及时帮他化解。也就是说，做孩子探索世界的陪伴者和后盾，而不是代替者。父母也不要怕替孩子收拾残局麻烦，这是孩子获得自我效能感必须要经历的过程。

3.无论成败，都肯定孩子的行为

成功时奖励孩子，大多数父母都能做到，但失败时肯定孩子却不是每个父母都能做到的。因为在大多数人的认知里，失败是没有价值的。其实，辛苦的付出，努力的态度，过程中经验的累积，都是价值，都值得我们肯定和鼓励。失败时的肯定比成功时的夸赞和奖励更重要，这会让孩子不以失败为耻，不惧失败，建立起更大的自信，由失败走向成功的自信。

但如果只是成功时奖励，失败时没有鼓励甚至还要批评或惩罚，就会让孩子建立起功利的价值观：成功时我才有资格自信，而失败时我是没有价值的。

4.放下对“理想小孩”的期待，给孩子无条件的爱

父母为什么不能时时、事事信任和鼓励孩子，因为在父母心里住着一个“理想小孩”，当孩子的表现不符合自己心目中“理想小孩”的标准时，父母就忍不住打击、苛责孩子，希望通过这种方式让他们变成自己心目中“理想小孩”的样子。岂不知，这种方式却让孩子离“理想小孩”越来越远，因为自信离他们越来越远。

事实上，“理想小孩”不存在，只有现实中这个不完美的孩子。父母只有放下对理想小孩的期待，接受孩子真实的样子并无条件爱他，才能发自内心地欣赏、信任和鼓励孩子，才会让自己和孩子都活得不那么拧巴。

给孩子无条件的爱、信任和鼓励，孩子的生命里将会充满温暖的回忆。这样的孩子无论是否优秀，成功与否，有没有比别人好，内心都是明亮、宽容和自信的。这样的孩子，内心会建立起“内在评价机制”：不管外界认为我如何，我认为“我行”！这才是真正的自信和强大。

关注孩子的感受是正能量培养的基础

如果深度挖掘就会发现，父母之所以做不到及时回应、及时满足及信任和鼓励孩子，是因为没有看到孩子的感受能力。当孩子与父母互动时，父母关注的不是孩子的感受，而是孩子的对错或者自己的看法、感受、判断等。所以，父母第一时间想到和做到的不是接纳、回应孩子的感受，而是漠视、评判、批评和指责孩子的行为。

孩子哭得死去活来，妈妈不安慰，不拥抱，在一旁冷眼旁观，心里想："等你哭够了再说。"

在这里，父母关注的不是孩子的感受，而是孩子的对错——总是哭闹是不对的，以及自己的感受——你一直哭闹让我心烦。所以我要用冷漠、无视来迫使你停止哭泣。

孩子做了一个手工，兴奋地拉着妈妈的手去看，妈妈一把甩开孩子的手："没看到我正忙着吗？有空再说！"

在这里，父母关注的不是孩子想与自己分享的喜悦心情，而是自己的事情和自己的感受。

孩子画了一幅画，高兴地请妈妈欣赏，妈妈一眼看到孩子脏脏的小手："还不快去洗手！"

在这里，父母依然忽略了孩子想与自己分享的心情，而只注意到了自己关心的内容"孩子的手脏"，同时又对孩子作了评判：你画画得怎么样不重要，手脏就不是好孩子。

"妈妈，诺诺姐姐去学跳舞了，我也想学跳舞。""你怎么能跟人家诺诺比，人家长得漂亮，身材好，腿又长，天生就是跳舞的胚子。可你呢，胖乎乎的，小短腿，皮肤又黑，你去跳舞，能好看吗？"

在这里，父母更是看不到孩子想要学习一种新本事的积极心态，而是直接对孩子进行评判和否定。

这样的例子生活中不胜枚举。忽视孩子的感受会给孩子带来什么感受：“我”没有被看到，一个真实的我在爸爸妈妈面前，却没有被看到。由此给孩子带来的不仅仅是失落、沮丧、难过的情绪，长此下去，更会让孩子产生一种“虚无”感：自我总是不被看到，所以渐渐失去。

这种感受，成人也体会过。当自己跟某人分享或诉说时，对方完全不关心自己的感受，而是立刻对自己的想法和做法进行评判，或者就他关注的内容发表意见，这会让自己的心情立刻变得沮丧，觉得自己真是找错人了，怎么会找他诉说。如果对方总是这样对自己，自己就会觉得在他面前缺乏存在感，于是就会疏远这个人，转而从其他人那里寻找存在感。但孩子就没这么幸运了，因为孩子互动的对象只有父母，且又非常信赖父母，如果父母总是忽视自己的感受，孩子就会把父母对自己的回应内化为自己对自己的看法。于是，一个缺乏存在感、不自信的孩子就这么诞生了。

所以，看不到孩子的感受、喜欢评判孩子的父母就会制造一个内心弱小的孩子。

其实很多成人都缺乏看到别人感受的能力，包括我自己。在我的体验中，我发现自己在与别人交流时常常会忽视别人的感受，而喜欢去评判别人。为什么会这样呢？因为我在被养育的过程中没有被看到过，我就是在被评判中长大的，所以我也没有看到别人的感受的能力。我们的父母更习惯用对错、道德、规则去养育孩子，而不习惯用“情”去养育孩子，而这会教育出一个内心冰冷、缺乏爱与温暖的孩子。长大以后，他也成了一个缺乏共情能力的人，无法很好地与他人建立和谐、稳定的情感关系。

因此，看到孩子的感受是正能量培养的基础。那么如何看到孩子的感受呢?

1.有意识地提醒自己关注孩子的感受

当孩子与父母互动时，不管分享的是什么，不管当下是正面感受还是负面感受，父母要提醒自己先关注和接纳孩子的感受。尤其是孩子坦露脆弱的时候，父母一定要接得住孩子的脆弱。比如，孩子考试没考好，难过得想哭，父母首先要做的是把孩子抱在怀里，并告诉他："妈妈知道你很难过，妈妈理解你的心情，想哭就哭吧。"而不是："有什么好哭的，当初好好学习现在就不用哭了。"前者对孩子是种接纳，后者对孩子是种否定：没好好学习是不对的，因此而哭更是不对的。多重否定会让孩子对自己产生负面认知。情绪是孩子的一部分，接纳孩子的情绪就是接纳孩子。同时，情绪没有对错，父母不需要去否定孩子的情绪。

如果孩子有正面的感受与自己分享，父母也要提醒自己第一时间去关注孩子的感受。比如，孩子从外面玩耍回来，高兴地跟妈妈说："妈妈，今天我玩得好开心。"正确的回应是："看见你开心，妈妈也很开心。"而不是："看看你身上脏成什么样了？再弄这么脏，明天不许出去玩了。"如果需要提醒孩子其他方面，那么在关注孩子的感受之后再去提醒，比如，"看见你开心，妈妈也很开心。不过如果下次注意别把衣服弄得这么脏，妈妈会更开心。"当孩子感受到你关注了他的感受之后，他就会在乎你的感受，以后不把衣服弄得这么脏。这个过程就是共情。

如果父母能经常这样有意识地训练自己，渐渐就会形成关注孩子的感受的能力和习惯。

2.通过孩子的反应来觉察自己的行为

在训练自己的过程中，并不是每次都会成功。比如我，虽然常常提醒自己要去关注别人的感受，但到那一刻却时常忘记，习惯性地就开始评判别人。发现对方不悦时才意识到，自己又忘记了要关注别人的感受。还好我能够觉察到自己的行为。一旦发现对方因我的评判不悦时，我就会立刻停止自己的行为并道歉，然后再去关注别人的感受。所以，如果父母一时做不到关注孩子的感受，可以通过观察孩子的反应来觉察自己的行为。如果你的回应让孩子的情绪由喜悦变成了不悦，由不悦变得更不悦，那么你就要反省自己，是不是没有关注到孩子的感受。如果经常做这样的觉察练习，那么就会渐渐提升自己关注孩子的感受的能力。

看不到孩子的感受，会让父母和孩子都感到委屈，父母觉得自己付出了，孩子的内心却没有产生好的感受。所以，要看见、关注、接纳、确认孩子的感受。这样，才能正确回应和满足孩子，才能让孩子充分体会到被重视、被尊重、被爱，这是对孩子最基本的正能量培养。

体验让孩子的心智变得更强大

所谓内心强大，就是有足够的心理能量应对千变万化的世界，要做到就必须具备两个条件：一是有足够的心理能量；二是了解这个千变万化的世界。如果说及时回应、及时满足、信任和鼓励等是为孩子的内心注入心理能量，那么体验就是告诉孩子，这个千变万化的世界是什么样的，你该如何应对。

心理学“ABC理论”告诉我们，导致人产生负面情绪和行为的并不是某件事，而是人们对事情的不合理的态度、看法和评价等认知。而人之所以有不合理的认知，也正是因为对这个世界不够了解，对自己和他人不够了解。对不了解的人和事，人就容易产生恐惧心理。

同样是面对可爱的小猫、小狗，有的小孩看到后开心地上前抚摩、逗弄，有的小孩则被吓得哇哇大哭，拼命往妈妈怀里躲。这是为什么？因为他认为小狗、小猫会咬人。但事实上，大部分家养的小猫小狗都不咬人，因为他对这个事实不了解，所以产生了“小狗、小猫会咬人”这个不合理的认知。而那些看到小狗、小猫就跑上前去抚摩的孩子，并非天生勇敢，而是因为他曾经触摸过小狗，知道小狗并不咬人。所以，让孩子变得强大的是体验。

每个人随着年龄的增长都会变得相对强大，是年龄让人变得强大吗？并不是。而是随着年龄的增长，人对世界的体验增加了。所以，如果能在同样的时间里，增加孩子对世界的体验，则能让孩子的内心变得更强大。

年轻时候的我内心特别脆弱，心中有很多迷茫，我想是我对社会不够了解。于是我去工作、去深入社会、去旅行，可是我发现心中还是迷惘。于是我又去看书，刚开始我看的是文学，后来发现文学不能解开我所有的困惑。于是我又去看心理学，看了某个心理学家的著作之后，我发现还是不够，于是又看了不同的心理学家的作品。把他们的学说和理论放在一起融会贯通，并结合我自身的经历慢慢思考和实践，我发现我的迷茫渐渐少了，心理承受能力渐渐增强了，内心不像以前那么脆弱了。

我的内心强大完全得益于体验，假如没有这些丰富的体验赐予我的经验，我人生中的很多困惑现在依然没有答案。自由的体验让我的眼界变宽，格局变大，思考问题的角度发生变化，于是不再钻牛角尖了，心胸变得宽广了，内心也随之变得强大了。同年龄的人，因为体验的不同，心理的成熟度和强大程度会完全不同。比如，我们前文中提到过的林徽因、张幼仪和陆小曼。

她们三位的最大区别之一就在于见识。林徽因从小就通过父亲得到了很多间接体验，他的父亲去了哪里，就会把所见所闻写信告诉女儿。但他认为这样的体验对女儿来说还不够，于是在林徽因14岁时带她游历欧洲，这次体验对林徽因的一生影响特别大，在欧洲，她接触了建筑学，立下了自己的人生志向。

而这个时候，张幼仪已经被父亲逼着嫁人了，陆小曼还生活在物质的花花世界里。她们俩对世界的体验相比林徽因就少了很多。所以，她们的人生格局、内心强大程度完全不同，人生走向最终也完全不同。

体验、见识让人与人区别开来。人的各种观念的形成也始于各种体验。电影《后会有期》里就有这样的台词：你都没有见过这个世界，如何有自己的世界观。对这个世界都没有正确的认知，当然就容易产生负面的情绪和行为。同时，没有体验过这个世界，就无法构建自己的精神世界，那么自己的内心就有可能被外界操控。

孩子体验这个世界的方式有三种：亲身经历，书本，父母或老师的传授。亲身经历是一手经验，书本和他人的传授是二手经验。相对来说，一手经验比之二手经验更加鲜活、真实。只有真实地去看、去触摸、去尝试、去经历成功和失败，才能拥有属于自己的经验，才能知道什么是正确的、合理的、适合自己的以及用什么方法应对各种人、事、物。

但人的时间、精力有限，不可能什么都体验到。而且，自身的经历若不经过解读、领悟、升华，就只能是经历，无法化为对自身成长更有益的经验。所以，人还需要大量的二手经验去解读自身的经历，比如读书、听父母和老师的传授、与他人的交流等。从别处得来的经验，是他人体验世界的精华，如果能被自己吸收，就丰富了自己的人生经验，提高了自己体验世界的效率。如果在听取了他人的二手经验后，还能通过亲身体验去验证，效果会更好，就会知道哪些经验是错的或对的，哪些能为我所用。所以，一手经验和二手经验可以互相作用，融会贯通。

不过，一些父母在给孩子输送二手经验的时候比较大方，在孩子亲身体验世界的时候却有些吝啬。比如：

孩子想摸一下小猫小狗。“小心，它会咬你的！”

孩子想用一下刀子。“不准碰，它会割伤你的手！”

孩子想去攀岩。“不行！那个运动太危险。”

给孩子报辅导班的时候很大方，带孩子旅游时却犹豫再三。“他还小，还不懂得看风景，别花这冤枉钱了。”

拒绝孩子去体验某些事情。“你不用去体验了，我体验过了，我告诉你是怎么回事儿。”

父母的这些话隔断了孩子与世界的真实联结，让孩子活在父母制造的限制中、恐惧中。父母为什么要阻止孩子去体验？首先，父母对这个世界过于焦虑和担忧；其次，父母太自大，妄图用自己的经验代替孩子的经验。其实，正因为这个世界不那么安全，才需要孩子去体验，体验后他才能知道哪些事情有危险，需要避开。父母的经验固然丰富，但并非都正确，更代替不了孩子的体验，因为孩子通过体验不仅了解了事情，更使心智得到了锻炼，如技能的掌握，智慧的增加，自我效能感的发展等。

古人早有“授人以鱼不如授人以渔”的说法，意思是说给孩子物质不如教会他们知识和技术。这里我再把它延伸一下，教会他们知识和技术不如教会他们看世界的方式。知识和技术固然有用，但格局还是不够大，而看世界的方式则是大格局。因为人一生都生活在这个广袤的世界里，如果没有看过这个世界，如何在其中坚定自我，作出更适合自己、适合时代的各种选择？而无论学习知识和技能，还是看世界的方式，均是一种体验。

总结来说，父母可以从三个方面帮助孩子去体验这个世界。

1.广度

从客观来说，世界对于每个人的大小都是一样的，但在主观上却不一样。区别在于，你是否走出狭窄的自我空间，去看过、体验过这个世界。人天生就有“世界这么大，我想去看看”的欲望。所以，尽量去满足孩子的这种欲望。旅行当然是一种很好的方式。玩耍、游戏、运动、手工、看电影、探险、看书、上课等户内户外活动，只要孩子喜欢的，父母也要尽量带他参与。鼓励孩子积累更多的一手经验，而不只是埋头书本和听取父母或老师的传授。孩子需要丰富的经验来构建自我世界及人生观和世界观，之后，内心才能变得真正强大。

2.深度

满足孩子体验世界的广度，从客观上来说不容易做到，因为时间、精力、经济条件都不允许，但可以从深度上弥补。例如，我们不可能带孩子走遍全世界，但我们可以带孩子走遍我们所在的那个城市，从历史、地理、风土人情、经济等方面来深度了解这个城市；孩子不可能学习各种艺术门类，但可以把其中一门艺术体验到极致；孩子不可能看完所有的书，但可以足够多地涉猎某一类书。在深度体验中，孩子能够体验到坚持、挫折、成功、把事情做到完美等各种感受，这反而是广度体验所无法感受到的。

3.自由度

自由地去体验这个世界，才有可能实现体验的广度和深度。这个自由包含两个意思，一是父母不干涉。只要孩子体验的事情没有危险，父母就不要阻止；二是随心去体验。不管是文学、科学还是艺术，或是院子里的一个毛毛虫，只要他有兴趣，就让他去体验好了。不要用大人的感受去干涉孩子的体验，也不要用大人的经验来否定孩子的经验。自由的体验才能让孩子彻底打开他的心智，让头脑和心灵都得到锻炼，内心变得强大。

没有看过这个世界，了解过这个世界，才会被这个世界上一些现象迷惑或感到恐惧。但如果了解了这个世界，我们就会发现，世界在某种程度上是可以被自己掌握的。到那时，任这个世界纷繁复杂、千变万化，孩子总能找到答案。

3 心理修复能力：提升孩子抵抗挫折的能力

孩子在成长过程中总会遇到这样或那样的挫折、压力和冲突，能够很好地应对这些，才能称之为内心强大。而要增强这方面的能力，需要提升心理上的自我修复能力，即能够很快从受挫的状态中复原——奋斗吧，像未曾受过伤害一样。

增强心理修复能力，提高抗挫力和抗压性

如果说内心强大有一个显著标志的话，那一定是承受伤害的能力。在受到伤害时，人有什么样的应激状态？是心理崩溃，陷入负面情绪中无法自拔，还是较为平静地度过，像事情没有发生过一样？这将决定着孩子的内心是否强大。

自然界有两种特别的动物，蚯蚓和壁虎。从外形上看，它们一点都不强大，但它们却是动物界的“打不死的小强”。因为它们有一种共同的特异功能——“再生能力”，即尾巴被砍断后，在断裂处会重新长出新的尾巴。所以，蚯蚓和壁虎就算受到了伤害，也不会轻易死去，而是很快就能恢复得像未曾受到伤害时一样。

蚯蚓和壁虎的这种“再生功能”又叫“自我修复能力”。有了这种能力，它们的生命比一般的动物强大许多。其实，人也可以拥有这种能力，在受到伤害以后，心灵迅速复原，恢复到像没有受到伤害时那样。人的这种能力叫作心理修复能力或心灵恢复力。恢复得越快，内心越强大。所以，内心强大并不是说不会受到伤害，也不是感觉不到疼痛，而是在受到伤害后能够承受，疼痛过后心情会很快复原。

拥有较强的心理修复能力的人，在遭遇挫折和压力时，感觉到的痛苦不会那么强烈，或者在短暂的痛苦之后，能迅速摆脱痛苦，甚至把挫折和压力当成一种动力，把克服这一切当作强者的象征。所以，内心强

大的人，不是不摔跤，而是摔不死。

我小时候一旦考试考不好，就特别容易情绪低落，缩到自己的壳里，不和任何人说话。但庆幸的是，我不会一直待在这种情绪里，而是会很快把自己的注意力转移到对未来的期待中，我会给自己定下目标：“下次一定要考到多少分，如果考不到，就给自己什么样的惩罚。”之后，我确实也能够通过自我督促很好地执行自己的计划，最终实现自己的目标。

我虽然也比较容易受挫，但不会长时间地沉溺在挫败感中，而是能够把挫折化为前进的动力。所以，我拥有一定的心理修复能力。

人无法保证自己永不受伤害，就好像我们无法保证自己的身体永远不生病一样。生病了不要紧，能很快好起来就行。人的心灵也需要这种能力。每个孩子的这种能力不同。例如，有的孩子摔倒后会哇哇大哭，别人不扶他，他就不起来，起来后还会哭很久；有的孩子摔倒后则若无其事，就算哭也不会很久，然后自己爬起来。显然，后者的心理修复能力要比前者强。所以，孩子的心理修复能力需要得到训练。如何去训练呢？首先需要了解一下这种能力具体是如何体现的。

在心理学上，心理修复能力有两个重要的指标：心理活动的强度和耐受性。强度是指对挫折和打击的抵抗能力。在遭遇“突然”的打击时，人的反应是过于强烈还是较为平淡。反应越是强烈，内心越是弱小。反之，则为内心强大；耐受性是指在较为“漫长”的精神刺激和压力下，人的痛苦程度。痛苦的程度越高，内心越弱小。反之，则为内心强大。例如，孩子在长期的学习压力下，并没有感觉到痛苦，而是可以较为平静地度过，那么就说明他的内心较为强大。这两个指标，通俗地说，就是抗挫力和抗压性。培养内心强大的孩子，父母首先要提高他的抗挫力与抗压性。

1.去经历，才有机会提高

没有经历过挫折和压力，没有见识过它的真面目，怎能知道如何与它打交道？所以，提高抗挫力与抗压性的第一步就是多去经历它。但有些父母认为，所谓幸福就是不会经历那么多挫折和压力，因此会想方设法帮孩子把挫折和压力挡在门外，有难度和危险的事情尽量不让他们去碰。结果他们成了温室里的花朵，突然有一天，一个大挫折砸向他们，他们立刻晕头转向、无力承受。这就是，“没有蹚过小水沟，怎能蹚过大水沟”。

无论父母的力量多强大，如何帮孩子筹谋，也不可能帮孩子把他这一生的挫折和压力都解决掉，只有教会他如何应对才是根本的解决方法。所以，让孩子去经历，去挑战，去失败。今天倒在一个小水沟面前的痛，总好过未来倒在一个大水沟面前的痛。

2.父母不必过度强化负面事件

从心理角度来说，把压力和挫折看得越轻，越容易度过它。例如，孩子摔跤后，如果父母大呼小叫，孩子一定会觉得“天哪，我又摔跤了”，从而增加心理压力，产生不好的感受。如果父母只是淡淡地说声“没关系，站起来吧”，那么孩子也会轻松地面对。不过度强化负面事件，就是减少挫折和失败对孩子内心的冲击力，使他把更多的心理能量用在如何“站起来”，而不是沉溺在不好的感受中。所以，父母不要在孩子面前过度强化他遇到的负面事件，而是要弱化，把挫败看得越弱小，孩子的内心越强大。

3.保持恰如其分的自信

自信有助于提高孩子的心理修复能力，相信失败是暂时的，我很快就能把这件事做成。但这种自信需要一个前提，即恰如其分的自信。因为盲目的自信，变成了自负的自信，会让孩子过高地估计自己的能力，从而对现实情况认识不足，最终导致失败。而要保持恰如其分的自信需要孩子对自己的能力有正确的认知和评估，客观地看待自己的能力及遇到的挑战，这需要父母的引导。如果说经常打击孩子会让孩子变得自卑，那么过分地夸奖孩子则有可能让孩子变得盲目自信。不符合事实的夸赞，夸大其词的夸赞，都会让孩子对自己失去正确认知，过高地估计自己的能力，陷入盲目自信。因此，父母对孩子的成功和失败要有正确的态度，使他形成恰如其分的自信。

4.对结果做好心理准备

提要求就有可能被拒绝，做事情就有可能有压力、会失败，连走路都有可能摔跤，喝水都有可能被呛着……人这一生，只要活着，挫败感就会随时随地光临。如果不对此做好心理准备，而是对结果好的那一面期望值太高，心灵就会受到伤害。所以，减少挫败感、增强心灵恢复力的方法之一就是对结果坏的那一面做好心理准备。

孩子在向某人提出要求时或挑战一件事情时，可以先做这样的自我对话："别人有可能拒绝我的要求。""我做这件事不一定能成功，过程可能会很辛苦，我能承受吗？"这样的心理对话不一定能改变结果，但能缓解坏结果对自己心理的冲击力。

人只要在做一件事情之前不害怕，在做一件事情之后能承受，那么他就能"想做什么就去做，做不到的时候就承受"，那么他的内心则十分强大了。

以上四点主要目的是削减挫败对孩子内心的冲击力，从而增强孩子的心理修复能力。除此之外，还可以通过提高孩子对事物的认知水平，如建立内在评价系统，接纳不完美的自己，与自己比赛、不与他人竞争等；也可以通过提高孩子的心理承受力，如处理好内心冲突，帮孩子建立起自我效能感等，来提高孩子的抗挫力和抗压性。

总之，心理修复能力是内心强大的一个重要标签。如果说正能量培养是为孩子的内心强大打地基，那么较好的心理修复能力就是最坚实的那一排砖瓦，而要建造起一颗强大的内心，则需要更多的砖瓦一点一点地累积。

外在评价系统是孩子脆弱的根源

人一生都活在评价里，但评价分两种，一种是自己对自己的评价，另一种是他人对自己的评价。前者我们称之为内在评价，后者称之为外在评价。我们不可能只活在内在评价里，也不可能只活在外在评价里，但哪一种评价系统在我们的内心起主导作用，决定着我们的内心是否强大。

我有两个身材矮小的女性朋友，身高明显低于大部分女性，但他们的精神状态和生活境遇却完全不同。一个很少关注自己的身高、相貌，专注地工作和生活，心理状态非常稳定，事业发展得不错，家庭生活也很幸福。

但另一个朋友就不同了，提到自己的身高就觉得这是自己的一大劣势，常常因此陷入自卑。尤其是在择偶的时候，总是认为别人会因此瞧不起自己。即便自己样貌不错、学历不低、头脑聪明、勤奋工作，仍然无法让她变得自信起来。她妈妈经常向她传递的观念也是：“你这个人没什么长处，凡事不要挑剔。”结果她果然如她妈妈所说，不相信自己能赚更多的钱，只敢应聘工资低的工作；不相信自己配得上更好的人，只敢和条件一般的人交往。而她自己也经常处于消极的情绪里，不敢挑战更有价值的人和事，一点点挫折就很容易把她击溃。

很明显，在这两位朋友的内心中，起主导作用的评价系统不同，一个是内在评价系统，另一个是外在评价系统。被外在评价系统控制的人其喜怒哀乐被别人的评价左右，其行为被别人的评价支配，其对挫折的敏感度更高，而挑战生活的勇气则很低，简单地说，就是内心更脆弱。

具体来讲，什么是外在评价系统？即一个人过于在乎或更加认同社会或他人对自己的评价，这成为他做事情的初衷，也决定着他的人生价值。也就是说，他是不是一个有价值的人，由别人说了算。这种外在评价系统是怎么建立起来的？

例如，一个孩子的语言表达能力本来不错，但在一次演讲比赛中只获得了第三名，而他的父母也认为他的语言表达能力不好，于是这个孩子渐渐也认同了自己的表达能力不好。以后每次遇到和表达有关的事情，就变得不自信。

又如，一个小女孩身材适中，自己原本感觉良好，但妈妈认为她太胖了，跳起舞来太难看。刚好在一次班级的文艺表演中，老师因为种种原因把她排在了最后一排，由此小女孩认为老师也觉得她太胖了，于是渐渐认同了“自己很胖”这个“事实”。以后再遇到跳舞、表演之类的事情她就不愿或不敢展示自己。

没错，外在评价系统是孩子在与环境的相互作用中形成的，与孩子的成长环境密切相关，尤其和孩子的抚养人如爸爸妈妈向他传递的价值导向相关。外在评价系统在心理学上又叫作“价值的条件化”，即父母只有觉得孩子的行为符合自己或社会的期待（价值标准）时，才认为孩子的行为是有价值的，是值得肯定和赞赏的。这和孩子对自我的认知不太一致，一个孩子在没有被外界输入任何价值体系之前，通常认为自己是有价值的，因为孩子天生就有“全能自恋感”。所以当他们被父母或他人否定时，心里就会产生强烈的落差。

这会带来两种结果：一部分孩子为了获得外界的肯定和赞赏，会努力去迎合外界的评价，而否定自己对自己的评价，也否定了自我的真实感受。例如，孩子的真实感受是“演讲比赛得了第三名，我对自己挺满意的”，但在“价值的条件化”的作用下，自我感受就变为“演讲比赛得了第三名，我的表现很糟糕”。为了甩掉别人心目中“糟糕的孩子”这顶帽子，他会努力学习，长大了也会努力奋斗，但他的内心始终有一个扭曲的自我——自己不认同自己，活着是为了获得别人的认同。这样的孩子或许也能获得世俗上的成功，但他们的内心并不强大。因为他们的内心有冲突、有分裂，遇到攻击和挫败容易心理崩溃。

而另一部分孩子可能会因此对获得他人的肯定和赞赏不再抱有信心，从而自暴自弃，失去努力的动力，即他不但认同了别人对他的评价，同时也失去了改变的意愿。如果说第一类孩子是表面强大，内心脆弱，那么第二类孩子则是外表和内心都脆弱。

这就是外在评价系统让孩子变得脆弱的心理机制。

人天生就活在两种评价系统里，但自我的认同比他人的认同更重要，因为内心的强大是建立在内心和谐、完整及内在和外在一致的基础上。自己认同自己，那么不管别人如何评价自己，自己都不会轻易失去自尊和自信。自己若不认同自己，就等于把自己的自尊交到了别人手里。但一个人无论做得多好，都不可能时时事事得到别人的认可。尤其是孩子，很多事情都处于学习阶段，不可能做得很好，若一味用外在评价系统去评价孩子，那么孩子是很难让你满意的。

从另一个角度来说，孩子天生就有获得积极评价的需要，这种需要的满足有助于孩子建立起自尊和自信。如果孩子的心中建立起外在评价系统，就意味着这种需要的满足只能取决于他人。但他人是否满足这种需要是有条件的，当孩子达不到这种条件时，这种需要便得不到满足，于是孩子的自尊便受到了损害。如果这种需要长期得不到满足，那么孩子的内心就不可能强大。

1.尊重和肯定孩子真实的自我感受

要让孩子形成内在评价系统，首先不能扭曲孩子的真实感受。例如，孩子考试得了90分，他为此感到满意，你却立刻否定了他："才考90分有什么值得高兴的？"孩子在房间里跳来跳去非常开心，父母大声训斥他："一点规矩都没有！"父母不尊重孩子真实的感受，认为孩子是否满意和是否开心并不重要，自己如何评价他才重要，从而通过评价强迫孩子认同自己的价值体系，按照自己的价值标准而活。这样一来，就使孩子的感受被否认和扭曲：虽然我感到满意、开心，但这样是不对的，父母感到满意、开心才是对的。这样，父母就通过否定孩子的感受成功地使孩子形成了外在评价系统。

所以，要使孩子不被外在评价裹挟，首先要尊重孩子的感受，相信他的感受是真实存在并有意义的，他的行为是有价值的。可能父母会觉得，这样对孩子是不是一种纵容，孩子会不会因此陷入自我满足，失去进步的空间。关于这一点，心理学家罗杰斯认为，每个人都存在自我实现的倾向，都有积极成长的取向。只要我们不给孩子设立阻碍，孩子都有不断进步的可能。而对孩子的否定或外在评价对孩子的内心发展来说则是一种阻碍——使他们无法面对真实的自我体验，而把别人的感受当成自己的感受，从而活出一个假的自我。这个假的自我内心会充满矛盾、冲突，并衍生出焦虑和烦恼，而这些与强大的内心背道而驰。

2.帮孩子去除"价值条件化"

孩子其实是很容易认同"价值条件化"的，因为他们年龄小，自我认知不清晰、不坚定，心理能量也不够强大，很容易被他人的观念裹挟或压制。所以，他们对自我的评价很容易在外在评价系统面前败下阵来。这时候就需要父母帮他们去除“价值条件化”。如孩子某学期进步很大，但老师并没有表扬他，只表扬了班里的“三好学生”。这让孩子感到很沮丧，觉得自己不是一个好学生，不值得老师表扬。孩子这种想法其实就是不知不觉认同了“价值条件化”，认为自己只有达到“三好学生”那样的水平，才值得表扬。这个时候父母就要及时帮助孩子去除“价值条件化”：“‘三好学生’、老师的表扬是别人的评价，我们不可能任何时候都得到别人的表扬，但我们可以自己表扬自己。你这个学期进步很大，你认为自己值得表扬吗？”通过父母的引导，让孩子认识到：得到别人的表扬固然重要，但更重要的是得到自己对自己的认同。通过这样的引导帮助孩子建立来自自我的自信，即真正强大的内心。

建立起内在评价系统其实并不难，只要父母或外界不向他们灌输“条件价值观”，不用外在评价系统去打击孩子的自信，孩子就会随时随地认为自己是有价值的，那么，形成强大的内心也就是自然而然的事情了。

不堪一击是因为不肯接纳不完美的自己

人是不完美的，这是事实。但有些时候，人的痛苦根源就在于不肯接受这个事实。父母不肯接受不完美的孩子，便会对孩子有诸多要求、苛责和打击。孩子若不接受不完美的自己，也会对自己产生不满的情绪或过高的期望，而在遭遇负面评价或挫折失败时就会对自己灰心失望，陷入自责，甚至一蹶不振。

假如两个孩子同样考了80分。A觉得虽然考得不是很好，但比之前已经有所进步，鼓励自己下次继续努力。在面对父母的批评时，虽然也会不高兴，但还是会用同样的话来宽慰自己。但B在看到成绩的那一刻，就犹如五雷轰顶，内心戏开始上演：我为什么没有达到预期的目标？我为什么不能考得更好？我为什么不能让父母满意？于是不停自责，痛苦不安。这个时候，父母又批评了他，他的痛苦犹如雪上加霜，好几天缓不过劲儿来。当A已经调整好情绪，重新投入学习中去的时候，B还陷在负面情绪中无法自拔。

显然，A的心理修复能力更强，内心更为强大，强大的原因就在于他接受了不完美的自己。表面上看来，A只是懂得自我安慰，但自我安慰在心理学上又叫作“与自己和解”。就是接受真实的自己，不与不完美的自己为敌——较劲儿。所谓较劲儿，就是明明自己是这样的，非要让自己变成那样——为了满足自己或别人对自己的期待。

如同父母心目中有“理想小孩”一样，孩子心目中也有一个“理想的自己”。当真实的自己与理想的自己有差距时，自己便感到失望、受打击。所以，乐观的人不是对未来乐观，而是对自己乐观，是他们接受了那个不够好的自己。

内心强大的人内心是和谐统一的，就是“我只有一个我，一个真实的我”，而不存在两个我——一个真实的不完美的我和一个完美的但不真实的我。如果人有两个“我”，这两个我便会打架——完美的我对真实的我失望，而真实的我永远无法达到那个完美的我。这个时候，人的内心就分裂了，就会感到痛苦，这就是内心不强大的来源。

但人为什么有两个自我呢？为什么看不清真实的自我这个真相呢？为什么会期待理想的我这个假象呢？我们针对解决办法来剖析一下。

1.“理想的我”是父母的期待

谁制造了孩子内心的分裂？有时，是父母。父母心目中有一个“理想小孩”，把这个“理想小孩”投射到孩子身上，要求孩子做到。在日复一日的渗透中，孩子渐渐接受了这个“理想小孩”的存在，并把他当作理想的自己去追求，忘记了那个不完美的自己才是真实的自己。这个“理想的我”是父母强加给孩子的。

对“理想小孩”的期待不仅让父母对孩子诸多挑剔和指责，也让孩子看不清真正的自己。我们可以要求孩子循序渐进地进步，但未必是朝着父母期待的方向，也不一定能达到父母期待的程度。你要求孩子越来越趋向完美，以为孩子会因完美而强大，却不知这恰恰是孩子脆弱的根源。因此，放下对“理想小孩”的期待，你能接受不完美的孩子，孩子才能接受不完美的自己。

2.真实的我并不是无所不能的

理想的自己可能源于父母，也可能源于孩子自己。孩子天生就有全能自恋感，如果在孩子成长的过程中，父母过度满足孩子或过度夸奖孩子，就会造成孩子的自恋感爆棚，认为自己无所不能，什么事情都能做到，要什么都能得到，对自己期待值过高。这时，一旦遭遇失败、拒绝等打击，便会无法承受。

所以，必须让孩子认识到，“真实的我”并不是无所不能的，真实的自己并不完美。在婴儿时期，父母要充分满足孩子的全能自恋感，那是为了让孩子拥有自尊和自信。但随着孩子渐渐长大，就必须让孩子认识到“全能自恋感”是不现实的，这世界上一定有些事情是自己做不到的，有一些东西是自己得不到的，一旦孩子认识到这一点，才能真正接受失败和挫折。

自恋感这个东西没有不行，过多也不行。从小到大，我都是一个颇有“自恋感”的人，这种自恋感导致我做一些事情时会有一种“盲目自信”，这里的盲目自信是褒义词，就是我相信我能做成一件事，哪怕我从来没接触过，我也敢于去尝试，而且我最终真的做成了。但是，有些事情我却失败了，这时我也会有一种很强烈的挫败感。后来我认识到，有些事情我确实能够做到，这是事实；但有些事情我的确做不到，这也是事实。我只有接受这两种事实，才能真正地接受自己，避免痛苦。这才是真正的内心强大。

真实的自己就是这样，有些事情在努力后确实能做到，有些事情在努力之后确实做不到，这是每一个人真实的自己。如果我们能够引导孩子认识并接受这个真实的不完美的自己，那么孩子就比较容易面对失败。

3.建立对自己的合理期待

所谓合理期待就是，为自己设立的目标跳一跳就能够着，而每一次够着目标就会增加自己的成就感和自信心。不合理的期待则是设立的目标怎么跳都够不着，这就会带来挫败感。无论是父母投射的“理想小孩”，还是孩子的全能自恋感爆棚，都会使孩子形成对自己的不合理期待。久而久之，就会形成完美主义倾向——只能接受事物的最好状态，不能接受事物的不够好的状态。所以，接纳不完美的自己要建立在对自己的合理期待上。

4.“放过”昨天的自己，把能量用在明天的自己身上

心理修复能力差的孩子爱与昨天的自己较劲儿：我为什么没好好学习，我为什么没珍惜时间，我为什么没听老师的话；如果我好好……现在就会如何如何。他们用这样的句式为自己建造一个后悔和自责的牢笼，终日陷在过去那个不够好的自己带来的不够好的结果中无法自拔。自然也就没有心理能量用在当下，用在明天。但是，昨天的自己再不好，也无法改变，不“放过”昨天的自己，就是不给明天的自己机会，那么明天的自己同样会让自己后悔。

所以，让昨天过去，不管它好或不好，内心强大的人永远着眼于当

下和明天，只有今天和明天是可以把握的。如果把注意力集中在今天和明天要做的事情上，就会很快从昨天那个不够好的自己带来的负面情绪中挣脱出来。

除了接受不完美的自己，孩子还要勇于接受不完美的别人，不完美的事物，在这个基础上，再去追求更好的自己，更好的事物，这样，才更容易变得内心强大。即不追求完美，只追求进步，那么孩子就永远不会对自己和这个世界失望。

与自己比赛，不与别人盲目比较

俗话说，“没有比较就没有伤害”，但有些父母和孩子却一直深受其害。“比别人强”就像是一个魔咒，控制着父母和孩子的潜意识，使他们总是不由自主地与他人相比。而一旦发现自己“不如别人”，便掉进了痛苦的深渊。

曾经听说过不少这样的案例。在中学里非常优秀的学生，考上大学之后却精神崩溃了。因为他发现，在中学数一数二的自己，在大学里竟然这么不起眼。这里竟然有这么多和他一样优秀或者比他还优秀的人。考试，自己不再是前几名；老师和同学面前，自己不再是最受重视和最受拥护的那一个；别的同学有这种才艺那种技能，而自己什么都不会；别的同学谈笑风生，而自己一说话就脸红……于是，他崩溃了。

当优秀的孩子碰到更优秀的孩子，“强大”的内心瞬间变得弱小了。因为这种强大并非真正的强大，它是建立在外在评价系统上，需要得到外界的认可，当外界不认可自己时，自己的优越感就丧失了。其成就感和价值感是建立在“比别人强”这个事实上，但世界之大，人生之漫长，自己不可能时时处处都比别人强。当发现自己不如别人强时，成就感和价值感就会受到损伤。越喜欢与人比较的父母或孩子，对“不如别人”四个字越敏感，越无法承受“不如别人”这个事实。

父母或孩子为什么会陷入习惯性的比较之中？因为社会认同一种“和别人一样或比别人强（好）才算幸福”的价值观，为了迎合这种价值观，得到他人的认可，父母和孩子一边努力一边比较，一边比较一边痛苦——在比较中，孩子的自尊和幸福感不断受到挑战。所以，在比较中孩子很难快乐，内心很难强大。这一点，我也深有体会。

在刚开始写作之前，我的写作朋友很少，我不知道别人写得怎么样，我只知道我每天都在进步，我在自己的世界里自得其乐，充满成就感和价值感。后来，我的写作朋友多了起来，我渐渐知道，原来自己写得并不怎么样，原来还有那么多人比我写得好。于是我开始“玻璃心”了，我开始感到痛苦，原来的成就感和价值感消失了，取而代之的是挫败感。

但是，作为一个成年人，我会进行反思：这个世界上处于金字塔尖的只有一个人，其他所有人都没有那个人强，难道其他人都要为此感到痛苦吗？难道其他人就不配拥有成就感和价值感吗？不是的。真正的内心强大并不是我比别人强，而是我不如别人的时候，我也能坦然接受。真正的内心强大是不在“我不如别人”这件事上纠结，而是把有限的精力用在努力做好自己能做到的事上面。简单地说，就是与自己比赛，而不是与别人竞争。

把注意力放在“有没有比别人强”上面，不但让自己感到痛苦，同时也占据了自己的心理能量，使自己没有心理能量专注于自己能把握的事情上。这和我们所说的内心强大背道而驰。而坦然接受自己不如别人这个事实，也是勇于接纳不完美的自己。在我看来，内心强大的关键词不在于“强”，而在于“大”，这个大的意思就是能够接纳很多事情，能够允许很多事情的存在。因大而强，先大后强。当孩子接受了自己暂时不如别人这个事实之后，才会把注意力收回来，放在自己身上，去做自己能做到的事情。一点一点进步，每进步一点，就会感觉自己强大了一点，如此，才能渐渐强大。

“不追求比别人好，只追求比自己好”与“不追求完美，只追求进步”一样，都是智者的选择。因为“好”“强”“完美”这些词汇没有标准，“幸福”更是没有标准，把自己的快乐建立在这些没有标准的事物上，永远得不到答案。很多时候，人更习惯于拿自己没有的东西去和别人有的东西相比，拿自己的缺点去和别人的优点相比，而很少站在相反的角度来比。这是因为人更倾向于占有，渴望自己拥有别人拥有的东西。所以，占有欲是比较的心理动因，而过强的占有欲是人痛苦的根源。

要让孩子不因比较而痛苦，父母需做到以下三点：

1.不要盲目（感性）地拿孩子与他人比较

不能不说，与别人比较这种行为很多时候是父母教给孩子的。带着“全能自恋感”来到这个世界上的孩子本来是没有“我不如别人”这种意识的，是父母一次又一次地向孩子强调“你看谁谁家的孩子……”“别人都考了多少分，你看看你才考多少分”这样的话，让孩子渐渐知道了“我不如别人”这件事，并渐渐认同了“我必须比别人强才是好孩子”这样的价值观，以及渐渐学会了与别人比较这样的生存方式。

所以，父母不要盲目地拿自己的孩子与其他孩子相比。盲目的意思是指不时时处处比，不一味地拿自己孩子的缺点跟其他孩子的优点比，不让孩子终日生活在比较之中，不把孩子的价值和比较的结果结合起来，尤其是不用比较打击孩子。这种比较都是感性的，弊大于利，都无益于孩子内心的强大。

2.理性的比较是可取的

比较并不是没有任何积极的意义。人类的进步在某种程度上就是依赖比较。当感到自己落后于别人时，奋力直追，就会取得进步。但这种比较是理性的比较，即把与别人的差距当成一种动力，把别人当成榜样，学习别人的优点，从而强大自己。这种比较不会给自己带来任何心理上的伤害。盲目比较则是希望通过比较得到一种虚荣的优越感，而把与别人的差距看作一种伤害，所以这两者是完全不同的。我们提倡通过理性的比较，壮大自己的实力和心理上的强大。

3.用鼓励使孩子形成与自己比赛的意识和习惯

如何让孩子形成与自己比赛、不与他人比较的意识和习惯？这需要让他从与自己比赛中产生成就感和形成价值观。这种感觉需要父母赋予他们。当孩子尝试去做一件事情时，鼓励他；当孩子取得进步时，鼓励他；当孩子没有取得进步，遇到挫折时，仍然鼓励他。鼓励孩子不停地走在与自己比赛的这条路上，无论顺境逆境。这样的孩子一定会成为内心强大的孩子，因为他会从中感觉到：无论我是什么样的，父母都爱我，这样的我是有价值的，从而有了动力不停地去追求。即便失败了、不如别人，他也不会有太大的挫败感，因为他最信赖的人——父母仍然肯定他。

古人说“知耻而后勇”，意思是说看到与别人的差距感到耻辱才会去努力拼搏，但我却认为带着耻辱感去拼搏终究算不上真正的内心强大。不如我们改变一下古人的认知；暂时不如别人并不是一种耻辱，但如果以此为借口不去奋斗则是一种耻辱。所以，真正的内心强大是——不知耻而后勇。

提高孩子的认知水平，增强抗击打能力

美国心理学家埃利斯的情绪ABC理论告诉我们，引起人各种情绪和行为的并不是外界发生的事件，而是人对事件的看法、态度、评价等认知。改变人对事件的认知，就可改变人的情绪和行为。这给了我们一个在遭遇挫折时改变负面情绪和行为的方法，就是提高人的认知水平。孩子尚在成长的初级阶段，各种认知处于初形成时期，必然是不成熟的，如果我们能有意识地去纠正孩子不合理的认知，提高他的认知水平，则有助于增强他对挫折的抵抗能力，使他的内心变得强大。

这种情况可以在孩子的生活中找到很多例子。例如：

在一次体育课上，大部分同学跳绳都跳得特别好，唯独一个孩子跳得不好，他很不高兴。这个时候，父母就可以从认知上引导孩子："一个人不可能在任何方面都擅长，你不擅长跳绳，但你擅长打乒乓球。跳绳跳得不好不要紧，在你擅长的方面好好努力就行了。没必要拿自己的弱项和别人的长项比。"孩子听后，情绪好转。

女儿剪了个短发，被班里的两名男同学嘲笑"假小子"，女儿回家后特别不开心，说全班同学都认为她的发型难看，她第二天不想去上学了。父母可以这样引导她："男孩女孩都可以剪短发，并不是说留短发就是假小子，那两名同学的看法是不正确的，不要放在心上。另外，只有两名同学嘲笑你，并不是全班同学哦。说不定其他同学认为你留短发很好看呢，不信，你明天去学校试试看。"孩子听后，情绪好转，决定第二天开开心心上学去。

孩子一次考试没考好，心情非常沮丧，认为："我原来是个优秀的学生，现在不是了，我太糟糕了！"他的不良情绪又引发了不良的行为，无法投入到学习中去。这种行为又会诱发新的不良情绪："我不能专心学习，成绩就会越来越差。”这个时候，孩子的情绪已经非常糟糕了。父母可以这样引导：“一次考得不好不能说明你就不优秀了，你以后还要经历很多次考试，只要继续努力，把后面的考试考好，就依然是个优秀的孩子。而且，一个人优秀不优秀是多方面的，学习只是一方面，不要纠结在这一方面。你看你，球打得好，琴弹得也好，仍然很优秀啊！”孩子听后，认为父母说得有道理，情绪好转。

在这三个案例中，使孩子产生负面情绪或行为的根本原因并不是跳绳跳得不好、留短发被同学嘲笑和一次考试没考好这三件事情，而是孩子对这三件事情的看法。而父母通过纠正孩子对事情的不合理的看法，从而改变了孩子的负面情绪和行为，增加了孩子对挫折和负面评价的抵抗能力。

改变孩子不合理的认知，有点类似我们所说的心灵鸡汤，即从孩子的头脑中拿走没有营养的价值观，再为他输送有营养的价值观，从而赶跑孩子心中的负能量。所以，改变孩子不合理的认知，是教会孩子从理性的角度来思考问题，用理性的思维赶走感性的情绪困扰。

如果一个人对事物的认识仅停留在感性阶段，那不过是初级阶段，这个阶段，人很容易沦为情绪的奴隶。所以，必须要上升到高级阶段，即理性阶段。所谓理性阶段，就是从更全面、更加客观现实的角度思考问题。当孩子的认知水平从感性阶段提高到了理性阶段，就较少产生负面的情绪和行为。

但要注意，所谓“合理”或“不合理”的认知都是相对的。在孩子看来，他的感性认知也是合理的，父母在纠正孩子的认知时，孩子刚开始可能有抵触情绪，认为父母的看法才是不合理的。所以，父母在纠正孩子的不合理认知时，一定要注意方法，委婉地、循序渐进地进行。不能一开始就粗暴地说：“你这样想是不对的！”而是要温柔地对孩子说：“你看，我们能不能这样想……”

那么，究竟什么是合理的认知，什么是不合理的认知，这两者又该如何区别呢？又如何通过纠正孩子的不合理认知来提高他的认知水平，让他的内心变得强大呢？我们可以从以下三个方面来进行：

1.绝对化的要求

绝对化的要求是指以自己的意愿为出发点，认为某一事物必定会发生或不会发生。这种要求通常是与“必须”和“应该”这样的词汇联系在一起。如“上次他生日我送了他礼物，我过生日他也应该送我礼物”“我必须考到第一名”“他们必须和我做朋友”，这种绝对化的要求通常会让孩子失望。因为这都是孩子的主观愿望，但事实不一定刚好符合他的愿望。因此，当事实与孩子的绝对化要求相悖时，孩子就会感到失望。

父母要引导孩子不要用绝对化的要求去思考问题：“上次他过生日我送了他礼物，这次我过生日他能送我礼物最好，如果不送我也要接受，因为我无法决定别人的想法和做法。”

“我尽量考到第一名，如果考不到也很正常，因为别人也在努力。”

“我希望他们都能和我做朋友，但这只是我的想法，别人不一定是这么想的。”

引导孩子放弃绝对化的要求就是引导孩子不要过于期待和控制结果及别人的想法或做法，因为这是无法控制的。

2.过分概括化

过分概括化指的是以偏概全，以点否定面。在第二个案例中，两个同学嘲笑自己，就认为全班同学都嘲笑自己；或者一次手工没做好，就认为自己是个笨蛋；自己某方面不如别人，就认为自己处处不如别人，从而否定自己的价值，陷入自卑、自责等负面情绪和心理。这种认知显然是不客观的。这个时候，父母就要指出孩子想法中不客观的部分，使他的想法符合现实情况。要引导孩子针对具体的行为来评价自己，不要轻易波及人格。如自己做错了一件事，就反省这件事为什么没做好，而不是由此去否认自己的价值。

3.糟糕至极

糟糕至极是把一件事情的后果想象得过于严重，推论到非常糟糕、可怕、无法挽救的局面。例如一次考试没考好，就觉得“完了，我考不上好学校了，我这辈子都完蛋了”，从而陷入恐惧、恐慌的负面情绪中。实际上，一次考试没考好并不会绝对导致考不上好学校这个结果，更不至于这辈子都完蛋了。任何一件事情发生后，可能演变出更坏的结果，也可能演变出更好的结果。若只想象它糟糕的一面，显然是不够全面和理智的。

这个时候，孩子要做的是从这种糟糕至极的认知中摆脱出来，看到事物发展的两面性，从而调整自己的行为，做出努力和改变，使事情演变出好的结果。同时做好心理准备，就算最糟糕的结果发生，自己也应该接受。因为，内心强大的标准之一就是想法和行为要基于现实，而不是与现实相反——没发生的去幻想，已发生的不接受。这肯定会让自己的内心痛苦不堪。

简单来说，什么是合理的认知？即大多是基于一些已知的客观现实；能使孩子保护自己，使自己心情愉快；能使孩子更快地达到自己的目标；能使孩子不介入他人的麻烦；能使孩子消除不良情绪。

那什么是不合理的认知呢？即不符合现实，主观臆测；使孩子产生情绪困扰；使孩子难以达到现实的目标而苦恼；主动介入他人的麻烦；长时间无法消除和减轻情绪困扰，造成不适当的反应。

可以看出，这对孩子来说还是比较复杂的，以他们的认知水平和人生经验，尚无法判断自己认知的合理性，这就需要父母去引导。因此，提高孩子的认知水平，需要父母的极大参与。但父母也要注意，自己的认知也不是百分之百合理的。事实上，导致不合理认知的三种倾向在成人的世界里也经常出现，所以，父母也需要提高自己的认知水平，让自己的认知更趋向合理化，如此，才能更好地引导孩子成长。

处理不了内心冲突，就无法很好地应对压力

人一出生就会面对各种压力。生病了，生理压力；恐惧、内疚、自责等各种负面情绪，精神压力；父母离异、考试失败、朋友离去，社会压力。但是，如同“让我们产生情绪的并不是事件，而是我们对事件的看法”一样，真正让我们产生压力的也并不是事件，而是由事件引发的各种内心冲突。

所谓内心冲突，就是由事件引发的互相冲突的动机、目的、利弊等，它让我们左右为难、无所适从、无法选择，内心为此焦躁不安。这时，我们的心理压力最大。例如以下情景。

案例1：晚上，孩子想做作业又想看电视。但时间有限，只能选择一样。于是，孩子做作业的时候，惦记着看电视。看电视的时候，内心又充满了负罪感。不管是做作业还是看电视，内心都无法平静。

案例2：孩子学习成绩下降，既忧虑学习本身，又担心被父母批评，内心充满了双重压力。或者，孩子在学校被人勒索，如果不告诉父母，会继续被勒索；如果告诉父母，则有可能被报复。无论怎么做，心中都有压力。

案例3：孩子想竞选班长，但当班长要负很多责任，占用自己不少学习时间，于是犹豫再三，无法作决定。

案例4：学校举行才艺比赛。弹钢琴是自己的长项，能拿到好名次，但没有什么挑战性。自己想画画，但又担心自己画不好，被同学们嘲笑。无论选择哪一样，都有利有弊，都有压力，该如何选择？

这四个案例分别代表四种冲突，心理学家勒温和米勒把它命名为双趋冲突（两件事情都想做但又互不相容，即“鱼与熊掌不可兼得”）、双避冲突（一件事情的发生带来两种不利的情景）、趋避冲突（一件事有利又有弊）、双重趋避冲突（两种选择都有利有弊）。

人的一生充满大大小小的冲突，对此成人更有体会。事业、情感、家庭、生活、置业等，每一天我们都在与冲突“搏斗”。虽然孩子的世界相对简单，冲突远不如成人的复杂，但如果从小不学习如何解决，长大后就无法面对更为复杂的冲突。我的一位朋友就是这样，一件非常小的事情就能引发她很大的心理冲突。

有一次，她和男友约好一起吃早餐，男朋友问她想吃什么。她说想喝粥，男朋友问她哪里有卖粥的。她说，有一家店很近，但粥不好喝。有一家店的粥好喝，但很远。男朋友说，那去哪家？她想了很久说，去远处那一家吧。于是，男朋友骑车奔向较远的那一家，在那里等她。等了很久，不见她来。于是打电话给她，她说：“我想了很久，两家都不太合适，于是我在家里煮粥了。”男朋友非常生气，说不就是喝碗粥嘛，有那么复杂吗？至于你想这么久，最终还哪家都不去。为什么你总是把简单的事情搞得那么复杂？

据我了解，我这位朋友是典型的处理不好冲突的人，尤其是处理不好双趋冲突和双重趋避冲突，即两件事情出现在她面前时，她永远不知道该如何选择。她说，她特别害怕作选择，其实，她是不会处理冲突。

小事情能引发大冲突，那么大事情引发的心理冲突就更大了。

就像我开篇提到的那位朋友，从事公务员的工作，工资待遇很不错，工作稳定又安逸，但工作内容自己不喜欢，工作缺乏挑战性，无法施展自己的特长。于是想把工作辞了，到大城市去体验更加新鲜、刺激的工作和生活，但到了大城市就要失去稳定和安逸，能否有很好的工资待遇也是未知的。不去，不满足。若去，不安心。于是，她陷入长时间的纠结和煎熬中。

这世界上简单化一的事情几乎没有，而是充满着各种各样的、相互矛盾的、互不相容的，甚至是针锋相对的事情，这些事情在我们的内心就会引起冲突，形成压力。例么，这四种冲突究竟该如何应对？

1.双趋冲突

这类冲突的矛盾点是想“鱼与熊掌兼得”，那么我们就要想办法让孩子“鱼与熊掌兼得”，实在不能再退而求其次，做最想做或必须要做的那件事。例如，提高做作业的效率，然后就有时间看电视了。这样，冲突就消失了。如果无法做到，那么衡量一下，做作业是必须要做的那件事，那就舍弃看电视。这其中要利用一下延迟满足心理，让相对不重要的那件事稍微等一等。或对孩子进行一定的奖励，让孩子有动力去做必须要做的那件事，也可以用看电视奖励做作业。

“鱼与熊掌不可兼得”这句话其实给了人一个错误的心理暗示，就是两样好东西注定是不能同时得到的，或者是人不配同时得到的，这就人为地把人丢进了内心冲突的坑里。但实际并不完全是这样，在经过一定的努力之后，两样好东西或两件好事情是有可能同时拥有的。如果不做任何努力就放弃其中一样自己很想要的东西，其实是对自己的内心不负责。这不是内心强大的表现，而是内心虚弱的表现——过早地认输。

2.双避冲突

当一件事情的发生注定会带来两种不利的后果时，我们首先要做的是看能不能阻止这件事的发生，这是最好的解决办法。例如，努力学习，让成绩不要下降；远离坏人，不被他勒索。但是，如果事情已经发生了，那么我们要做的就是尽量让这件事对自己的内心伤害降到最小。如正确看待和评估这件事，正确评估自己的能力，找到应对之策；客观地看待自己在这件事中犯的错误，不盲目地内归因和外归因；选择哪种做法，对自己的不利更小，等等。具体怎么做，我们在下文如何应对压力中会讲到。

3.趋避冲突

想做一件事，但这件事有利又有弊怎么办？如孩子想竞选班长，但当班长要负很多责任，占用自己不少学习时间。那我们首先要考虑的是看能不能克服掉“弊”，如提高当班长的工作效率和学习效率，这样就解决了占用时间这个问题。如果无法克服弊端，就考虑这件事是利大于弊还是弊大于利，弊是不是在自己可以接受的范围内。当班长锻炼了自己的能力，施展了自己的才华，虽然占用了自己一点时间，但少玩一会儿就行了，总的来说是利大于弊的，那么就值得去做。

4.双重趋避冲突

两种选择都有利有弊，这个时候是最难选择的，引发的内心冲突也是最大的。因为无论如何选择，都会有所失去。这个时候，就看自己最想要的是什么。有时候，人的内心冲突源于过多的欲望和贪念，什么都想要，什么都不愿失去，那么内心必然纠结。所以，想想自己最想要的是什么。这中间当然还要评估压力源。只要一件事有可能出现不利的情况，我们就要去评估它，看自己能不能克服，能不能接受。例如，弹钢琴和画画比起来，自己更想挑战画画，那么就去挑战。同时要做好心理建设：被同学们嘲笑这个后果是自己的想象呢，还是真的会发生；如果发生了，自己真的无法接受吗？

解决内心冲突，表面上是在解决事情，实际上是直面自己和自己的欲望：自己了解自己吗？自己真正想要的是什么？必须舍弃的是什么？什么是自己能够承受的？如果不能承受，如何把对自己内心的伤害降到最小。如果把这些问题都解决了，那么就能较好地解决内心冲突，增强对压力的抵抗力。

但只有这样还是不够的，还要学会如何通过正确面对压力源（引起内心冲突的事件）来有效地减轻压力和内心冲突，一般从以下三个方面来解决：

1.调整认知和应对之策

这个过程可以分为六个步骤。以孩子学习成绩下降为例：

第一步，正确看待压力源。一件事情发生了，对孩子是否形成压力，取决于孩子如何看待它。如虽然学习成绩下降了，但孩子完全不在乎，那么对孩子就构不成心理压力。又如，孩子担心自己的画画得不好，遭同学嘲笑。可实际上，同学们并不会嘲笑自己，是自己接受不了自己画得不好。这样一想，压力就消失了。所以，解决内心冲突的第一步，是调整认知，正确看待压力源。

第二步，正确评估压力源。有些事情发生以后，一定会产生压力，但压力可大可小，就看自己有没有作出正确的评估。如学习成绩下降了，原本内心压力特别大。可仔细一想，父母从来没有在学习成绩上过于苛责自己，或许父母根本就不会责备自己，是自己把事情想象得太严重了。这样一想，压力就去了一半。自己只需要承担来自学习的压力，而不需要承担来自父母的压力。所以，解决内心冲突的第二步，是正确评估压力源：这件事情重不重要，严不严重，对自己有什么利弊，程度如何，自己能否承受。对此作个正确的评估，避免主观上增加压力。

第三步，正确评估自己的能力。自己有没有能力应对压力源，如果把自己的能力评估得过低，就会增加心理压力。如孩子认识到，自己平时学习成绩都不错，成绩下降只是偶然情况，凭自己的能力完全可以在较短的时间内把成绩提上来。这样一想，压力就去了一大半。但过高地估计自己的能力，也会在之后承受更大的心理压力。所以，正确估计自己的能力对应对心理压力非常重要。

第四步，找到应对之策。找到应对之策才能从根本上解决压力。在经过前三个步骤之后，就要思考用什么方法才能尽快把学习成绩提上来，如何具体地实施，并尽快去执行，一旦行动起来，内心的压力就会减少一大半。

第五步，做好心理准备，随时调整自己的适应能力。做好以上四步，并不能完全解决压力，因为事情永远处于发展变化中。在这个变化中，自己能不能完全控制局面，这是未知的。所以必须做好心理准备，随时调整自己的认知、心理、行为和环境等来适应处于变化中的压力。

第六步，不要盲目地内归因和外归因。要很好地应对压力，提高孩子的认知水平是最重要的，但认知会受到个性的影响。有的孩子面对压力习惯内归因，认为都是自己的错。内归因有利于他通过自省解决问题，但也容易增大心理压力。有的孩子则习惯外归因，认为都是外界的错，这样虽能减轻心理压力，但不利于解决问题，同时也会引起他人的不满，引发新的冲突。因此，要想很好地解决压力和内心冲突，既不能完全内归因，也不能完全外归因，而是要客观地看问题。

2.获得父母及他人支持

没有人可以完全靠自己的能力解决所有压力，尤其是孩子。所以，获得父母及他人的支持，则可以很好地解决心理压力。父母对孩子的支持主要表现在两个方面。一是物质支持。孩子学习成绩下降，多给孩子做点好吃的，给孩子收拾一个更有利于睡眠的床铺，让他吃好睡好，有更好的身体能量去学习。二是精神支持。给孩子鼓励，并帮孩子分析成绩下降的原因，和他一起找到应对的办法，并督促他去执行，在他遇到学习困难时帮助他。增加他应对压力的信心，稳定他的情绪。对孩子来说，父母的支持是他们缓解内心冲突的最有效的武器。

3.调节生理

压力出现后，生理肯定会发生一些变化。如肢体紧张、食欲下降，睡不好觉等，甚至会生病。这个时候我们可以引导孩子做一些深呼吸、体育锻炼、户外休闲活动等，让孩子的生理和心理都得到放松。

人不可能解决这世界上的所有事情，但不代表我们在这个世界面前就是虚弱的，我们可以通过调整对事情的认知及应对之策，来增强面对事情的能力和减轻面对事情的心理压力。这个过程并不简单，需要孩子从小就学习，从应付简单的心理冲突开始，成长为可以处理复杂内心冲突的强者！

溺爱中长大的孩子最容易受挫

在亲子教育中，“溺爱”是一个很模糊的词。怎么爱才算溺爱？爱多少才算溺爱？我们说过，要尽量满足孩子，否则孩子的心理会产生匮乏感和低价值感。但有的父母又担心，这样算不算溺爱？万一把握不好尺度，过度满足孩子，会不会同样带来不好的后果？这样的担心是有道理的。

我有一个认识多年的朋友，由于是单亲家庭，她对儿子特别宠爱。

她说儿子缺少父爱，我得在物质上多弥补他。于是儿子要什么就给什么，在吃穿用度上一点不比别的孩子差，哪怕超出了她的经济能力，她也会借钱满足孩子。在其他方面，如看动画片、玩手机，想玩到什么时候就玩到什么时候，从来不禁止。周末想睡到几点就睡到几点，想什么时候吃饭就什么时候吃饭。这个孩子在幼年时好像也没什么，但随着他渐渐长大，朋友的压力陡增，几乎到了无法承受的地步。因为儿子的消费需求越来越高，以她的经济能力已经完全不能满足了。但孩子完全不管这些，只管向她伸手要钱，她不给，儿子就开始撒泼耍赖，哭闹摔东西，母子关系频频发生激烈冲突。到了初中以后，儿子干脆以不上学威胁她，完全成了一个“问题少年”。

我们所说的“尽量满足孩子”是说在父母能力所及的情况下，尽量满足孩子的合理要求，但不合理的要拒绝。显然，朋友的做法已经超出了“合理满足孩子”这个尺度，变成了溺爱。溺爱分两种。第一种就是我朋友这种，纵容型溺爱。即孩子要什么就给什么，想怎样就怎样，哪怕是不合理的要求，父母也满足。父母无原则地过度满足孩子，放大孩子的欲望，使孩子形成索取无度、霸道自私、蛮不讲理的人格。这样的孩子承受不了被拒绝，因为他一直被满足，从未被拒绝过，他的全能自恋感被无限放大，认为自己天生就应该被满足，而从不考虑自己的要求是否合理。

而被合理满足的孩子是能够承受拒绝的，他们知道什么是合理的要求，什么是不合理的要求，在被拒绝的时候有一定的承受能力，虽然也会失望，但不会有较大的情绪波动。而在纵容型溺爱中长大的孩子一旦被拒绝就会产生强烈的不满、愤怒等情绪，走向社会以后也特别容易因此和他人发生冲突，甚至攻击他人。因为父母纵容他，别人不会纵容他。这样的孩子，外表看起来很“强势”，但内心非常脆弱。

另一种溺爱给孩子带来的后果更严重，那就是包办型溺爱。即父母为孩子打理一切，替他做所有事情，包括他自己能做到的，甚至替他作各种人生决定。包办型溺爱打着“为了让孩子过得更顺利”的旗号，剥夺了孩子探索世界的权利和机会，使孩子失去了对许多事情的体验包括对挫折的体验，孩子因此无法形成“自我效能感”，因而惧怕挑战，缺乏独立生活的能力，无法面对挫折。

不可否认，有些父母能替孩子包办得更长远，让他们过上衣食无忧的生活，但他们的内心并不强大。但大部分父母在孩子渐渐长大后就无法替他们打理一切，因为孩子的事情越来越复杂，越来越有难度，父母也无能为力，而这时就是孩子的灾难。因为孩子发现，他们完全没有能力独自面对一切。

因此，无论是哪一种溺爱，都会使孩子走向脆弱。

1.不要打着“爱孩子”的旗号满足自己

纵容型溺爱是怎么形成的？表面上看来，纵容型溺爱是在满足孩子，父母看起来很伟大，就像我这位朋友，自己不舍得吃不舍得穿，但实际上她是在满足自己。因为她自己是个对物质有着极大渴望的人，但经济能力却不允许她满足自己，于是就把自己的需求投射到孩子身上，无原则地满足孩子就像满足自己。如果她满足的是自己，内心就会受谴责：“明明经济条件不好，你还满足自己？”为了逃避这样的内心谴责，她转而满足孩子。这样她就可以一边满足孩子，一边指责孩子过度索取。另外，因为离婚，她觉得对孩子有所亏欠，于是用物质来弥补。所以，她是在通过满足孩子来满足自己“亏欠孩子”的心理。但她没有想到，因此养大了孩子的“胃口”，致使后果无法收拾。如果她没有过度满足孩子，孩子的物质欲望根本不会这么强烈。

还有一种父母，本身经济能力不错，他们纵容溺爱孩子有这样的潜在心理：“看，我很有能力，孩子要什么我就能给什么。”他们是通过满足孩子来满足自己“炫耀能力”的心理。

不可否认这两种父母都有满足孩子的心理，但若只是为了孩子好，他们就不会“纵容自己”去纵容孩子。他们把自己的欲望和孩子的欲望掺杂在一起，分不清究竟是在满足孩子还是在满足自己。

那些在童年没有被充分满足的或者在童年被溺爱的父母更容易溺爱孩子，前者是补偿，后者是渴望依然被溺爱，但自己已经是成人，没有人再像童年时那么宠着自己了，于是把这种心理投射到孩子身上。

综上所述，纵容型溺爱其实是打着“爱孩子”的旗号在满足自己。

弄明白了纵容型溺爱的心理真相，才能停止溺爱。这种做法造成了孩子的负能量人格，让孩子离阳光、自信、内心强大越来越远。因此，父母必须停止这种溺爱孩子的行为。

2.不要打着“爱孩子”的旗号摧毁孩子的感受

在包办型溺爱中长大的孩子无论人生是否顺利和成功，内心都有一种窒息感。因为他们被剥夺了独自探索世界的机会和为自己的事情做主的机会，因而失去了自信和生命的活力。在包办型溺爱中长大的孩子是无力的，他们一方面享受着父母为他们打理一切，同时又很反感父母通过包办操控他们的人生。所以与父母之间也会有许多心理拉扯，一边享受一边反抗；一边感觉父母很爱自己，一边又对父母产生诸多埋怨甚至仇恨——“你们凭什么不相信我也能做好”“如果不是你们替我做一切，我也不至于变得这么无能”。怀着这种心理长大的孩子，内心充满了分裂。

包办型溺爱看似为了让孩子活得更轻松，实则让孩子的内心更为沉重，让孩子无法成为一个真正强大的人。因此，停止包办型溺爱孩子的行为，就是在给孩子一个强大的机会。

3.爱的缺失永远无法用物质来弥补

缺乏爱的能力的父母通常会溺爱孩子，因为他们不知道什么是真爱和如何爱孩子，以为给孩子物质就是爱孩子。这也给孩子传递了错误的价值观：父母必须给我物质，这是他们爱我的唯一方式。但实际上越给物质，孩子越不满足。因为他们真正缺失的不是物质，而是爱。如果只是用物质来表达爱，那么孩子也无法明白，爱其实有多种方式，真爱并不是无节制地满足自己，父母偶尔拒绝自己的物质需求，并不等于不爱自己。

所以，不要仅仅用物质来表达爱。尤其是对于那些本来就缺爱的孩子或者物质上并不宽裕的父母，多用陪伴、沟通、交流、语言和行为来表达爱，让孩子内心充满爱。再辅以及时回应、尽量满足、信任和鼓励、体验世界等正能量培养，让孩子的精神富足起来。这样的爱才是真爱，这样的爱多多益善，真爱再多也不是溺爱，而溺爱再多也不是真爱。严格地说，溺爱并不是爱孩子太多，而是爱孩子的方式错误。

真爱是看到孩子的真实需要，引导孩子的需求，尽量满足孩子的合理需求，尊重孩子的感受，并帮助孩子实现他的需要，做孩子探索世界的陪伴者……通过这些，为孩子的内心注入能量，让孩子拥有日渐成熟和强大的内心。

4 柔韧性：助孩子建立起弹性的生活态度

强大并非强硬，也不是一味刚强，而是该刚强的时候刚强，该温柔的时候温柔，在坚持中有变通，用温柔的态度处理最棘手的问题，与这个世界相处，正所谓弹性地生活，灵活地处世。如果能把这种生活态度传递给孩子，则有助于孩子成为内心强大的人。

强大并非强硬，而是适度柔软

李清照写过一首悲壮的诗：“生当作人杰，死亦为鬼雄。至今思项羽，不肯过江东。”从文学艺术的角度看，项羽当然是英雄，不肯做向对手低头、苟且偷生的狗熊。但从心理的角度看，他并非英雄，因为他面对世界的姿态太强硬了，他不肯接受失败，不能暂时“忍辱负重”（不能承受失败带来的精神压力）、耐心等待机会。和他相比，勾践和刘备就显得强大多了。同样是面对失败和强大的对手，他们能够接受现状，暂时示弱，以迂回的方式重新夺得优势并获得最后的胜利。所以古人说“能屈能伸才是真英雄”，就是说能强能弱的人才是真的强大。

相比较柔软，强硬的姿态太容易做到了，它只需要释放心中的负能量，如项羽释放的是心中的悲愤，朝孩子怒吼的妈妈释放的是心中的愤怒，而以怒吼还击妈妈的孩子释放的是心中的恐惧，霸道总裁释放的是性格中的自私、霸道、强势……而柔软的姿态却不容易做到，因为它需要调控自己的情绪，收敛自己的性格，动用大脑，运用智慧，改变认知，找到与外界和谐相处的方法……所以，能够“软”的人反而更强大。

而强硬的人却是脆弱的。因为他们没有其他办法了，只剩下强硬这一条路了，他们妄图用外表的虚张声势来吓唬对方、压制对方，让对方屈服。或者像项羽那样，用“宁可玉碎，不为瓦全”的强硬态度告诉世人“我是不会妥协的”。如果一个人只有成功一条路可走，其他路都不能接受，那么他谈不上强大。一个内心强大的人是可进可退的，能够与这个世界和解的，而妥协就是他与这个世界和解的方式之一。

强硬的态度不仅会造成自己与这个世界的疏离，也会造成自己与他人之间关系的疏离，例如父母在面对孩子时。

孩子犯错了，父母怒不可遏，大声地训斥他。孩子要么大声哭泣，要么也冲父母大声吼叫。无论孩子是否认错，这个过程都会让父母和孩子备受伤害。父母原本是想让孩子意识到问题的严重性，接受自己的教育，承认错误并改正错误，但父母强硬的态度决定了这个目的根本达不到。

换一种态度会怎样？

电视上曾经看到一个案例。一对姐妹在玩耍，姐姐突然把妹妹推倒，1岁的妹妹重重跌坐在地上。妈妈当时很生气，但她还是控制住自己的情绪，温柔地把姐姐抱在怀里，严肃地问她：“你为什么要把妹妹推倒？你这种行为是对的吗？”孩子躲在妈妈的怀里，开始不敢吭声，过了一会儿怯生生地说：“不对。”然后在妈妈的鼓励下，向妹妹说“对不起！”

为什么温和的态度比强硬的态度效果更好？这位妈妈告诉了我们原因：愤怒的态度会让孩子害怕，那么她的情绪就会失控，就会大哭或大吼。这个时候她首先想到的是保护自己，而不是理性地反省自己的行为。而温柔的态度会帮孩子过滤掉情绪，让她没有心理负担地与自己交流，腾出心理空间反思自己的行为，进而愿意配合妈妈的要求。所以对待孩子，柔软的态度比强硬的态度效果要好很多。

如果妈妈用强硬的态度命令孩子认错，孩子也许会屈服，但内心并不认同妈妈，和妈妈会产生心理上的疏离，而柔和的态度则会使孩子的心与妈妈的心更贴近。所以，强硬的态度破坏关系，温和的态度带来亲密。

把这种关系置换成孩子与他人之间的关系也是这样，孩子用温和的态度对待他人，会使双方的心情更加愉悦，关系更加和谐、稳固。如果孩子能以这种态度面对世界，就更容易把握自己的命运，这将有助于他的内心变得强大。而要做到这一点，父母还需要引导孩子调整几个认知：

1.不要被影视作品中霸道总裁的人设误导

现在的一些文艺作品刻意渲染“霸道总裁”形象，使得孩子和一些成人认为强势、霸道的人很酷、很有个性和魅力，并有意或无意去模仿。实际上，这对孩子是一种误导。文艺作品中的霸道总裁形象是出于艺术创作的需要，美化了他们，放大了他们的闪光点。但在生活中，这样的人并不讨喜，因为他们容易给他人带来压力，很难愉快地与人相处。所以，父母要引导孩子少看这样的作品，或者告诉孩子这样的人物出现在艺术作品中或许很吸引眼球，但并不适合出现在现实生活中，现实中如果这么霸道是会碰壁的，是会让自己和他人受到伤害的。孩子可以在影视作品中欣赏这样的艺术人物，但不必在生活中模仿这样的人。

2.温和并非是没有个性，反而是一种不张扬的强大

和“霸道总裁”相反，温和的人无论是在艺术作品中还是在现实生活中，常常被人认为没有个性甚至是软弱，这其实也是一种误解。因为温和的人低调、宽容、不易和他人发生冲突，所以不大可能成为艺术作品中的主角。在现实生活中，他们的所作所为也不大会对人的心理产生刺激，所以常常被人忽略。但这样的人通常会以“四两拨千斤”的方式来解决问题，不但自己活得轻松平静，也会使周围的人活得轻松平静。这样的人才是真正的强大。所以我们要引导孩子成为一个情绪平和但有

所坚持的人，也就是说，温和但不软弱。

3.具备平衡事物的能力

其实内心强大并不是说要去战胜什么或战胜谁，而是能够与自己、与他人、与社会、与这个世界和谐、轻松、温暖地相处。看看自然界，强大如老虎，渺小如蝼蚁，谁也没有战胜谁，都在这个世界上和谐相处。老虎并没有因为自己的强大强迫蝼蚁消失，而是彼此达到了一种平衡。内心强大的人也需要一种平衡事物的能力，根据外界的变化来调整自己姿态的强弱，获取更好的结果与和谐平静的生活。父母可以从小训练孩子的这种能力，例如和一个强势的小朋友在一起时，不妨“软弱”一些。而需要自己勇敢坚强的时候，也不要怂，敢于大胆地承担责任。这样的人，才能真正地趋向强大。

一根木棍一折就断，一根草绳却不易断，一个强硬，一个柔韧，哪个更强大，一目了然。培养内心强大的孩子就是让他做那根柔韧的绳子，表面柔软，挥出去却有无限的力量。

适度的“低头”更能以柔克刚

强硬能激起他人心中的恐惧和愤怒，使原本柔弱的人也变得强硬起来。而柔软却能化解对方心中的愤怒，使原本强硬的人变得温柔起来。这就是我们所说的“柔能克刚”。实际上，柔并不能克刚，而是柔能融化刚。

在看电视剧《三国机密之潜龙在渊》时，我发现这样一个有趣的现象。替代汉献帝的胞弟刘平与皇后伏寿本来是女强男弱的人设，但刘平特别善于“服软”，每当皇后对自己的所作所为有所不满时，他就迅速认错。不管他是否真的认为自己做错了，总会含笑对皇后说“我错了”，弄得皇后瞬间对他没了脾气。在这样的相处方式下，本来每天如临大敌、活得非常紧绷的皇后渐渐放松下来，两人之间也由矜持变得随意。最重要的是，看起来非常强悍的皇后变得越来越温柔，甚至越来越顺从刘平。于是，女强男弱的人设变成了男强女弱。而且，两个人都更趋向于外柔内刚。

这是件很有意思的事，它让我看到了“妥协”的艺术。有些人不屑于妥协，认为妥协是懦弱的象征。可是看看刘平，他并不懦弱，他虽然嘴上说着“我错了”，但并没有轻易放弃自己的主张，只是在用一种温和的方式坚持。他嘴上说着“我错了”，却在用行动向他人证明我是对的。更让人感到惊奇的是，他的妥协和适度的低头融化了看似刚强的皇后，使两人之间的关系越来越和谐。而且，周围的人越来越感觉到刘平的强大，他并不像他温顺的外表看起来那么柔弱。

这个例子生动地告诉了我们强大并不等于强硬，也不需要一味强硬，而是该低头的时候要低头，适度的低头更能以柔克刚。为什么呢？因为低头的姿态让人感到柔软和温暖，而温暖会让人放下防备，愿意亲近。而强硬的姿态让人感到冰冷，冰冷会让人封闭内心，产生距离，或者同样以强硬的姿态面对你。而且，愿意低头表示你把与对方之间的关系看得比自己的对错更重要，而这样的信息也会被对方捕捉到，使对方也愿意去珍惜这段关系。所以，“低头”堪称人际关系的润滑剂。

其实，人生堪称一场妥协的艺术。可以说，丝毫不懂妥协的人根本无法在这个世界上生存。对于孩子来说，学会适度低头对童年时与父母、同学的相处和成年后与朋友、同事、爱人的相处都非常有益。低头不仅适用于人际关系中，也适用于和自己的相处中，和命运乃至世界的相处中。很多时候，以退为进，以柔克刚更能打开局面。

1.向自己低头

我们以为低头指的是向别人低头，其实人首先要学会向自己低头。例如，孩子总有些努力之后仍然无法做到的事情，这个时候就不能逞强，不能强硬地命令自己必须做到、必须战胜自己，而是要承认自己也有“无能”的一面。这就是向自己妥协，与自己和解。这不但会让自己过得快乐，还会使自己不再把有限的精力浪费在自己无法做到的事情上，而是去做自己能做到的事情。

2.向他人低头

向他人低头就更容易理解了，人与人之间的许多摩擦很多时候就来自于过于坚持自己，把自己的对错看得过于重要，最终破坏了与他人之间的关系。比如，孩子在与他人的相处过程中，如果做错了事情坚持不低头认错，那么和对方的关系就无法修复。但如果自己没做错，却愿意口头上认个错，其实是愿意把正确让给对方，让对方心情愉快，从而维系好和对方的关系。愿意为了美好的目的放弃面子、自尊和一时的对错的人是非常强大的，因为他们能通过一些合理的手段达到自己的目的。

3.向世界和命运低头

向世界和命运低头，这对于孩子来说深了些，远了些，但孩子总有一天会遇到。所谓向世界和命运低头，就是说当自己无法与世界和命运对抗时，要学会妥协。比如，孩子可能不是很喜欢学习，但这是个“知识改变命运”的时代，所以他仍然需要学习知识；这个时代看重学历，但你没有学历，就不得不暂时低头，从事一份自己暂时不喜欢的工作；你想到外面闯世界，但你的家人需要你留下来照顾，你也不得不暂时妥协。这就是向时代和命运低头。人再强大，强大不过世界、时代和命运，个人的力量始终无法与之抗衡，就不得不暂时妥协。妥协不是示弱，而是以退为进，求得暂时的安稳局面，以待将来有机会再谋发展。

历史上的“卧薪尝胆”是最有名的懂得低头的故事，而勾践也因此成为历史上心理强大的人物之一。懂得暂时向更强大的外部世界低头，才能很好与这个世界和谐相处。这也是一种以柔克刚。

4.没有原则的低头则是一种软弱

适度的低头是一种强大，但没有原则的低头不但不是一种强大，反而是一种软弱。当别人欺负自己的时候，当别人向自己提出不合理的要求时，当对方的错误造成了很严重的后果时，这个时候还低头就是一种软弱。没有原则的低头还会让你形成“讨好型人格”，习惯用让步讨好对方，换取没有冲突的的人际关系。但结果可能不会像自己想的那样，反而会让对方觉得你软弱可欺，因而变得没有下线。所以，低头是适度的，是有原则的，有关大是大非或人格尊严受到侵犯时，就不能低头。这个时候，不低头才是一种强大。

所以，真正的强大不是一味强硬，也不是一味低头，而是该低头的时候要低头，不该低头的时候要据理力争，根据具体情况灵活对待，建立一种弹性的生活态度，能柔能刚，可强可弱，这，才是真正强大的人。

“战胜自己”不如与自己做朋友

许多励志书都教人如何“战胜自己”，告诉你能够战胜自己的人有多强大。真的是这样吗？我们来分析一下。“战胜自己”的关键词在于“战胜”，它给孩子的心理暗示是“我必须赢”。但内心强大是必须赢吗？并不是。而是对过程全力以赴，对结果勇于接受。如同我们说的“与自己比赛，尽力去超越昨天的自己，但如果不能超越，也要勇于接纳不完美的自己”。这两者带给孩子的心理感受是不一样的。

一个孩子学习很优秀，但数学却不是很好。他给自己立下目标：“我一定要战胜自己的短板，下次考试数学也要考到全班前三名！”在经过一段时间努力之后，他感到有所进步，谁知在一次小测验中，依然没有考好。于是他慌了：“这样恐怕无法达到自己的目标了。”于是他更加努力学习，可是每当在学习中遇到困难，或看到别的同学比他数学学得好、学得轻松时，他心里就不是滋味儿：“为什么我这么努力还是学不过别人？为什么我不能战胜自己的短板，让数学也变成我的优势？”而当数学考试并没有达到全班前三名这个目标时，他更加沮丧：“看来，我是个无法战胜自己的人，我很无能。”甚至一度有了放弃好好学习数学的念头。

而另一个数学成绩不好的孩子给自己立下的目标是：“我希望我的数学成绩能够更好一点。”于是，每次感觉到自己有进步，他就欢欣鼓舞，更有动力去学习了。但在最终的数学考试中，他的成绩和上次差不多，并没有长足的进步。他坦然接受：“我已经努力了，自己也感觉到有所进步，这次还是考得不好，说明我在这一科没有天赋。那我就继续努力好了，能做到什么程度就做到什么程度。”

从以上的案例我们可以看出战胜自己和与自己比赛的区别。战胜自己的孩子其注意力更多地在能否战胜自己这个结果上，而一旦感觉到无法达到自己想要的结果时，内心就会恐慌，过程中情绪波动比较大。一旦结果真的不如己意，挫败感就会比较强烈。而与自己比赛的孩子其注意力更多地在我是否努力这个过程上，在这个过程中，只要自己有一点进步，就会非常开心。就算结果真的不如己意也没关系，因为我能接受自己的不完美。

所以，战胜自己的孩子不管最终能不能战胜自己，这个过程都是痛苦的。痛苦的原因还在于以下三点：

第一，战胜自己是建立在不接纳现在的自己的基础上，是把自己放在了自己的对立面。只有敌人和对手才需要战胜，而一个自己要战胜另一个自己，并把另一个自己当成敌人和对手，内心当然是分裂的。而与自己比赛的孩子首先是接纳了不完美的自己，对自己是宽容的，然后在这个基础上去获得进步。在这个过程中，他是快乐的，内心是和谐的，所以有更大的心理能量去做自己想做的事情，好的结果反而更容易产生。所以，与自己比赛更像是与自己做朋友。

第二，战胜自己的人对自己的态度是强硬的，是在对自己实施“强迫”。战胜自己的人看起来很强悍，他们高呼着“我要战胜自己”的口号，横冲直撞地奔向目标。可是，什么样的事情才需要战胜？才需要喊口号？不容易做到的事情。所以，战胜自己其实是自己向自己施压——你必须做到自己很难做到的事情！很难做到，还强迫自己必须做到，那么这个过程必然是痛苦的。

第三，战胜自己究竟战胜的什么？很多时候，首先要战胜的是自己的欲望。因为想要做到一件不容易做到的事情，先要克服欲望。困倦的时候，不能去睡；想要娱乐的时候，不能去娱乐。这些欲望都会妨碍自己战胜自己。所以，战胜这些欲望，才能战胜自己想要做的事情。可是，欲望是无法战胜的。欲望是本能，是潜意识，是本我，它永远在自己的内心蠢蠢欲动，越压制，越活跃。它只能被妥善安置，而永远无法战胜。现在，你命令自己必须战胜（压制）自己的欲望，这当然会让自己的内心处于痛苦之中。

所以，战胜自己会让自己活得很痛苦。但有些人认为，我们要的是结果，过程痛苦一点又何妨。但看一看实际，真正战胜自己的有几个，大部分人都夭折在了战胜自己的路上，因为不是每个人都能熬过这份痛苦。还有一些人崩溃在结果来临时，当最终无法战胜自己时，无法承受结果。

为什么一定要战胜自己呢？不如与自己做朋友。与自己做朋友是用一种柔软的态度对待自己：我愿意与自己好好相处。我不强迫自己必须做到什么，但也不是对自己没要求；我要妥善安排自己的欲望，而不是强迫他们离开我的身体；我努力去做到最好，但也要接受自己做不到。

我们无法判断“战胜自己”的孩子与“与自己做朋友”的孩子在成功的概率上有什么明显的区别，但我们可以肯定的是，在内心强大的程度上和幸福的程度上，他们却有着明显的区别。而一个总能令自己快乐的孩子，是强大的。

不战胜自己又何妨？

1.不需要看似强大的姿态，只需默默去做

以“战胜自己”为目标的人会给自己和他人这样的错觉：我（他）很强大，我（他）能战胜自己！但其实，这恰恰说明了他并不强大。因为心理学上有一个法则，一个人越是缺什么越会强调什么。同时，越是用力越证明他不易做到。一个高呼着战胜自己的人，只是想通过这种方式来向自己或他人证明自己并不软弱。但一个真正强大的人无须向他人证明什么，只需默默去做，一点一点进步，通过行动积累起自我效能感，获得自我认同，才会拥有发自内心的自信和强大。所以，父母要引导孩子，姿态强不强大并不重要，重要的是内心强大。

2.学会无条件地爱自己，也是一种强大

想要“战胜自己”的人同时也是承认了我对今天的自己是不满意的，所以才需要明天的我战胜今天的自己。这首先是对今天的自己的一种否定。那么一旦无法战胜自己，就是对自己的再次否定，会更让自己无法接受。无论这种负能量来自他人还是自己，负能量会让自己无法强大。所以，与其用“战胜自己”来间接否定自己，不如学会无条件爱今天的自己。总想战胜自己的人对自己是严苛的、冷酷的，而无条件爱自己的人对自己是温柔的，会为自己的内心涂上温暖的生命底色，带着这种生命底色去生活，才有可能拥有真正强大的内心。而这样的人对别人也不会过于严苛。所以，父母不光要无条件爱孩子，还要引导孩子无条件爱自己。

在竞技赛场上，越紧张越容易发挥失常。而在人生赛场上，孩子也不需要活得过于紧张和剑拔弩张，而是可以松弛地活着。在放松的状态下展开自己的人生，或许，孩子会有超水平的发挥。

做个会表达感受的温柔孩子

当父母冲孩子发脾气时，孩子通常有两种本能反应，哭泣和也冲父母发脾气。因为人的情感在受到冲击时，第一本能是保护自己，哭泣和发脾气都是保护自己的方式，但这样就会使父母与孩子之间爆发冲突。有没有第三种解决办法呢？有的。就是调控好自己的情绪，不哭泣，也不发脾气，温柔地向父母说出自己的感受。也就是说，不通过感性的方式保护自己，而通过理性的方式解决问题。我们常常以为孩子没有这种能力，但其实，孩子的强大有时超出我们的想象。

在看《爸爸去哪儿》这个节目时，陈小春的儿子Jasper给我及众多网友留下了深刻的印象。大家盛赞他面对爸爸发脾气时的表现。在爸爸第一次冲他大吼时，Jasper虽然不高兴，但他既没有发脾气，也没有哭，而是拿起手里的大喇叭温柔地对爸爸说：“你可不可以不生气？”在那一刻，爸爸愣住了，他没想到儿子会说出这样的话。但同时，他意识到了自己的态度有问题，他立刻收起了脾气，变得温柔起来。

但爸爸的温柔没有持续多久，很快，他又冲Jasper发脾气了。他把Jasper的鞋扔到了一旁，又粗暴地把Jasper拽来拽去，还再次冲Jasper大吼。这次，Jasper是真的伤心了，但他依然没有哭闹和发脾气，而是伸出手指，再次温柔地对爸爸说："今天，你生气了一次、两次……"在那一刻，爸爸的心软了，他立刻向儿子道歉，他再次意识到粗暴的态度、控制不住地发脾气是个很严重的问题，已经伤害到了儿子的感受。

接下来，陈小春变了。他再也没有冲儿子发过脾气，而是变得非常温柔，甚至比儿子还温柔，他和儿子的相处也再也没有发生过冲突，而是越来越温馨。

这又是一个"以柔克刚"的故事。但这里的方式不是低头，不是认错，而是温柔地表达出自己的感受，让爸爸意识到"你的态度有问题，我的情感很受伤"，这对一个4岁的孩子来说其实很难做到，因为大部分孩子在这个年龄还不会这样理性地处理问题。而理性地解决问题是内心强大的标志之一。所以，Jasper这个"软萌"的孩子已经具备了内心强大的基础。

"软萌""理性"是Jasper的标签。节目中，他的爸爸是性格最强硬的爸爸，但他却是节目中最少哭闹、发脾气的孩子。并非Jasper心中没有负面情绪，面对暴脾气的爸爸，他心中也有委屈，眼中也有点点泪光，但他没有任这种情绪泛滥，而是心平气和地跟爸爸交流，这一点，就连成人也不易做到。不能不说，Jasper是一个情商非常高的孩子：理智，温柔，能够很好地处理自己的情绪和表达自己的感受，而这正是内心强大的象征。

这种情商来自Jasper性格中天生柔软的一面，他的柔软很好地"卸载"了爸爸的强硬。Jasper也并非不敏感，但他没有把他那份敏感用在沉溺于负面情绪中，而是用在如何舒缓情绪、表达感受、解决冲突中。一般而言，会表达感受的孩子都不会闹情绪。因为在表达感受时，需要孩子调动大脑的语言能力、逻辑能力等理性思维，人一旦理性思考了，情绪就消失了。

这一点在处理关系时特别重要。当面对一个只会用强硬的态度发脾气的人，如果我们也发脾气，就会让彼此受到伤害，关系面临破裂。但我们又很珍视和他之间的关系，这时，我们就可以用温柔的表达感受来修补关系。

假如每个孩子都能像Jasper那样从小就懂得如何温柔地表达自己的感受，那么长大以后多半会成为情商非常高、非常懂得处理人际关系尤其是亲密关系的人。而这是可以培养的：

1.在觉察到父母发脾气时要敢于表达

有些孩子在父母或他人发脾气时，首先会被吓住。Jasper的爸爸陈小春发脾气时，网友说，隔着屏幕都被吓了一跳。那一刻，面对比自己强大得多的父母，孩子很可能不敢表达自己的感受。所以，我们首先要引导孩子在父母或他人发脾气时，不要被父母的声势吓住，要告诉孩子，爸爸妈妈声音大点，脸难看一点，只是那一刻有点生气罢了，并不会把孩子怎么样。鼓励孩子在父母发脾气时，敢于和父母交流。这是会表达感受的前提，首先要敢表达。

2.要温柔地、冷静地而不是发泄情绪式地表达

有些孩子也会表达感受，但他们表达的方式是哭闹。想象一下，假如Jasper是歇斯底里地向爸爸哭喊："你为什么要生气？你可不可以不吼我？"那么效果就会差很多。他的爸爸就未必会立刻变得那么温柔，两个人就有可能都陷入负面情绪中。所以，平和、淡定、温柔的表达很重要。就像在《妈妈是超人》这个节目中，贾静雯告诉女儿："你想要什

么，说出来，为什么要哭。”

温柔地表达之所以有效果，是因为当孩子温柔地表达时，对方就会冷静下来，强硬的态度会得到软化，情绪不会陷入烦躁，这样有利于双方的交流和相处。

3.简单地表达也可以达到比较好的效果

对于大部分孩子来说，让他们准确地表达出复杂的感受是不容易的，就像Jasper也只是很简单地表达：“你可不可以不生气？”“今天，你生气了一次、两次……”可就是这么简单的表达，就取得了很好的效果。所以，只要孩子能够表达出来就好，至于表达得如何可以慢慢学习，不苛求孩子表达得多好。只要在第一时间温柔地说出自己的感受，让对方意识到问题就好。

4.父母也要学会温柔地表达自己的感受

有人问，Jasper有暴脾气的爸爸和妈妈，他为什么可以那么温柔？他的爸爸说，因为他有非常温柔的姥姥和姥爷。可见，抚养人对孩子的影响有多大。所以，想培养一个会温柔地表达感受的孩子，先成为一个会温柔地表达感受的父母。父母对孩子的某些言行不满时，不要再轻易地吼叫、摔东西、发脾气，而是要温柔地对孩子说出来。父母温柔地表达自己的感受，孩子就能从你身上学习到、感染到。不是每一个父母都那么幸运，天生就有一个温柔的孩子，温柔的孩子大多是在温和的家庭气氛中成长起来的。

温柔的表达不仅能以柔克刚，更能以柔换来柔；不但能使自己冷静，也能使对方冷静。所以，它十分有益于沟通和人际关系的和谐。而处理人际关系尤其是亲密关系是人生的必修课，是一个人走向强大的非常重要的一环。所以，父母从小要为孩子上好这一课。

钝感力是一种不易察觉的强大

人是敏感一点好还是迟钝一点好？是没有绝对答案的。通常人们认为，敏感的人聪明，迟钝的人愚笨一些。但事物都有两面性，敏感的人对挫折、拒绝、伤害的感受也更加强烈，因此平添了许多烦恼。于是日本作家渡边淳一发明了“钝感力”一词，意思是说，人要适当有点钝感，对日常生活不必反应过于强烈，这有利于保护自己。而一个有钝感力的孩子也是非常可爱的。

在看《爸爸去哪儿》这个节目时，沙溢的儿子小鱼儿有一面给我印象特别深刻，就是这个小孩在摔跤后几乎不哭。因为刚刚两岁多，走路还不太稳，所以他一天摔了好几次，但没有一次见他哭的。而且每次都迅速爬起来。其中有一次是跨过一个对他来说较高的门槛，他尝试了很多次才跨过去，跨过去的同时也摔倒了，但他一点都没有在意自己摔倒了这件事，而是迅速爬起来，嘴里说道：“终于进来了！”

虽然小鱼儿在需求得不到满足和被哥哥“欺负”时也比较爱哭，但我发现，只要妈妈和哥哥稍微一哄，或者稍微转移下他的注意力，他就立刻不哭了。网友把小鱼儿摔跤的视频剪辑在一起，开心地欣赏。但网友们并不是取笑小鱼儿爱摔跤，而是觉得这个小孩摔跤后从来不哭，真是太可爱了。

我想，应该是网友们和我一样都发现了这个小孩身上有“钝感力”，只是好多人不知道这叫钝感力。两岁多的年龄，频繁摔跤，爸爸妈妈又不在身边，换作其他小孩，多半会哇哇大哭，然后趴在地上，别人不扶他，他就不起来。但小鱼儿没有。这说明这个小孩对挫折不敏感，他不会因摔跤这点挫折就产生负面情绪，也不会因其他的事情产生负面情绪时沉溺在其中无法自拔，而是能很快摆脱。所以小鱼儿大多时候都很开心，而且给其他人带来很多欢乐。这说明，人其实是喜欢有些钝感力的小孩的，而对过于敏感的人，人其实是不太喜欢的，如林黛玉。

其实，人的任何一种感受能力过强都不太好，如自尊心、自信心过强，就会让人更容易受到伤害。敏感和钝感也需要维持在一个适度的范围，这样人才能处于一个相对平衡的状态，拥有更加平和的心态。

所以说，如果敏感是一种聪明的话，钝感则不失为一种强大。可惜很久以来，人们并没有重视过钝感，对钝感多有误解，认为钝感的人迟钝、木讷、情商低。但其实这不是真正的钝感，真正的钝感是对负面言语和负面事件有免疫力。如受到批评、嘲笑、讽刺等，遇到挫折、失败、打击等，钝感的小孩不会有太强烈的反应。他们该干什么还干什么，情绪和行为几乎不会受到影响。所以，钝感的孩子不但不是情商低，反而是情商高，他们拥有一种连他们自己都没有意识到、他人又不易察觉的高情商。

钝感真的可以让自己变得更快乐。这一点，我深有体会。

从小我也是个小林黛玉，别人不经意的一句话就会让我产生很多内心戏，如果是有意识的指责和批评则会让我瞬间崩溃，我几乎承受不了别人的负面评价。如果是遇到考试失败等重大挫折就更无法承受了，父母还没批评，自己就展开很严重的自我批评了。这不但让我很容易受到伤害，也让和我相处的人很累，因为他们说话要小心翼翼，怕一句不小心就得罪了我。因为过于敏感，我拥有了一颗“玻璃心”，这让我很烦恼。于是在成长的过程中，我试着改变这一点。别人说什么，说得对就接受，说得不对就让它过去，既不解释也不反驳。失败就失败，不会放在心里反复品味，而是尽快去做其他想做的事、能做的事。渐渐地，我感觉自己变得豁达了，平和了，快乐了，对很多负面事件的反应都“迟钝”了，负面情绪也少了很多。

这就是钝感给我带来的变化，钝感让我变得内心强大。曾经我也不屑于钝感，认为钝感的人智商低、情商低、活得麻木，而现在却觉得他们并非麻木，而是对有些事不再在乎，更能包容和放下了。缺乏钝感力的人活得像一堵墙，对方的力量打过来，自己硬生生地接着，然后再弹回去，结果不但弄得自己很疼，对方也很疼。而拥有钝感力的人活得像一团棉花，别人的力量打过来，自己瞬间把它化为无形，结果不但自己不疼，对方也不疼。这就是钝感力的最大魅力。

如果说“低头”是柔，温柔地表达感受是柔，那么钝感力就是一种极致的柔。拥有钝感力，就拥有了一种抵御伤害的无形力量，任何外界的攻击都拿自己无可奈何。所以，培养孩子成为一个拥有钝感力的人，就是教会了他一招化解伤害的“化骨绵掌”。

1.理解和保护孩子钝感的一面

曾经有一个作家写过一篇文章，说她的老公是一个有点“迟钝”的人，为此他对老公有些不满，觉得老公不但反应慢，而且在该有反应的时候也没有什么反应。例如，快失业了也不着急，别人占了他便宜也不生气。他觉得老公这样的性格是要吃亏的。但她后来发现，老公这样的性格并没有影响他的工作和生活，反倒比她活得快乐。于是她不再纠正老公的迟钝，而是任由他这么“没心没肺”地活下去。相信生活中也有这样不被父母欣赏的“迟钝”的孩子，因为人的性格都是“双刃剑”，对挫折、批评不敏感的孩子，可能对其他事情也不敏感，这个时候，父母就觉得这样的孩子太迟钝了，不聪明，是要影响他以后的生活的，于是会忍不住想要纠正他，那么你可能就破坏了孩子的钝感力。所以，要像那位作家一样，学会理解、欣赏和保护孩子钝感的一面，只要不过分，不影响他生活的大局，何不让孩子保留这层内心的保护膜呢？

2.引导孩子不要那么敏感

假如你的孩子像童年的我一样是个特别敏感的孩子，那么不妨早一点引导他不要那么敏感。这个首先要纠正认知，不要过于在乎别人的评价，不要用成败来衡量自己的价值，要建立起内在评价机制。其次，要引导孩子变得外向起来，多关注外部世界，不要过多地沉浸在自我的情绪中。例如，带孩子到大草原上、沙漠中奔跑，让孩子体验稍微“粗粝”一点的活法，而不是活得过于细腻。也可以让孩子看一些关于钝感的文艺作品，给他传达一些关于钝感力的理念，或者让他感受一下有钝感力的人是什么样的，如金庸小说《射雕英雄传》里的郭靖就是一个有钝感力的人。这些都有助于孩子拥有钝感力，变得内心强大。

敏感的人固然敏锐、聪明，但也尖锐、容易受到伤害，同时也容易伤到别人。所以，不妨迟钝一点，如果这有助于自己生活得更幸福，反应慢一拍、感受能力弱一点又如何。这表面看起来“弱弱的”，实际上却是一种不易察觉的强大。

温柔而坚定的拒绝其实更有力量

被拒绝会让自己的内心受到伤害，或许是因为如此，很多人不愿也不敢拒绝他人。但是不敢拒绝也会给自己带来伤害，因为不是别人的每个请求自己都愿意做或能够做到的，这个时候如果违心答应，就会给自己带来痛苦。所以，能够承受拒绝是一种内心强大，敢于拒绝、懂得如何拒绝他人更是一种内心强大。

有个朋友对我说，她的儿子经常向她哭诉，哪个小朋友拿走了他的玩具，哪个小朋友又拿走了他漂亮的铅笔，而且，有的拿走了就不还给他了，为此他非常伤心。朋友告诉他：“玩具是你的，如果你不想给他玩，可以拒绝他。”儿子为难地说：“我不敢说，我怕他不高兴，怕他以后不跟我玩了。”

我有个朋友也经常就类似的问题询问我的意见：“有朋友约我出去玩，我不想去，但我又不好意思拒绝他。”“有男士送给我礼物，我不想要，但我还是收下了。”我感到很奇怪：“为什么要做违背自己内心的事情，为什么不拒绝？他可以邀请，你也可以拒绝。这都是你们的权利。”她的理由是：“人家好心好意，如果我拒绝了，不是有违人家的好意吗？万一人家不高兴怎么办？”

“万一人家不高兴怎么办？”所以，只有让自己不高兴了。有一些不敢拒绝的人就是这样的逻辑：害怕因为拒绝使对方不高兴，害怕因此和对方产生冲突，从而失去和对方之间的关系，于是他们用委屈自己来讨好对方、维持和对方之间的关系。这其实是内心虚弱的一种表现。

首先，拒绝并不等于伤害对方。别人没有我们想象的那么脆弱，一被拒绝就不高兴了。我们拒绝的是对方让我们做的事情，而不是这个人，大部分人是能分清楚这一点的。而且，别人在向我们提出要求之前，内心都有一定的心理准备，对方是有可能拒绝自己的。所以即使遭到拒绝，他们也不会太难过，顶多有一点失落。所以，拒绝他人并不会产生自己想象中那么严重的后果。如果害怕对方产生误会，可以就此向对方解释清楚。但如果自己不喜欢的是这个人，也可以向对方说清楚，避免他以后再向自己提要求。我们不需要违背自己的意愿去和一个自己不喜欢的人产生交集。敢于做真实的自己，按照自己的内心而活，也是一种内心强大。

其次，人与人之间不可能丝毫不产生冲突，真正的感情是经得起被拒绝的。我们是要尽量避免产生冲突，但也无须害怕冲突，因为真正的感情不会因为一两次拒绝就破裂，发生冲突之后仍然存在的关系才是真正的关系。例如拒绝了小朋友的要求之后，小朋友还愿意和自己玩，那才是真正的朋友。而抑制自己的真实意愿去维持的一段关系是虚假的关系，是在用一个虚假的自我和对方相处。一个人不敢用真实的自我和他人相处，是害怕对方不喜欢真实的自己，是内心不自信的表现。

最后，拒绝别人是一件正常的事。无论从主观或客观上，我们都不可能满足别人的所有要求，那么满足不了的时候就要拒绝。无论是不喜欢对方这个人还是不喜欢对方让自己做的事情，都可以正大光明地拒绝。敢于拒绝别人的人才能坦然承受别人的拒绝，因为你明白了拒绝别人不等于伤害别人，那么也就明白了被别人拒绝也不等于别人伤害自己。有了这样的换位思考后，被拒绝带来的被伤害感就少了很多。所以，无论是被拒绝还是拒绝他人都是一件正常的事情。

有些人不敢拒绝，其实是不敢承担“拒绝之后别人就不喜欢自己了”这个后果，这还是外在评价系统在作祟——我们为什么一定要别人喜欢自己，别人不喜欢自己，自己就惶恐不安吗？这还是自己对自己缺乏认同感。

这样的烦恼我从来都没有。我从来都是喜欢谁就和谁来往，不喜欢谁就拒绝。喜欢做什么事情就做，不喜欢做不管是谁提的要求我都会拒绝。那么结果如何呢？我的朋友都是真朋友，能维持长久的朋友关系，而且彼此都可以提要求，也都可以拒绝，并不会因此影响我们的感情。而我拒绝的那些人，后来证明，就算我不拒绝，他们和我也成不了朋友。所以，维持一段关系的真正原因并不在于你是否拒绝过他，而在于真实的你他是否喜欢。

拒绝能让一个人获得稳定而真实的关系，而一味地不拒绝不但让自己活得痛苦，也会让你无法拥有真正的关系。一个内心强大的孩子面对拒绝的态度应该是这样的：不害怕被别人拒绝，也不害怕拒绝别人。

但拒绝也是有方法的，有些人不敢拒绝是因为不知道该如何得体地拒绝，其实，既不伤害对方，又干脆利落的拒绝是可以做到的。

1.拒绝的态度要温柔

拒绝为什么会产生冲突，首先在于态度。粗暴无力的拒绝不但让人失望，也让人恼火，那么必然会产生冲突，而这种冲突是完全可以避免的。如孩子可以温柔地拒绝："这是我的玩具，我现在还要玩，不能给你玩。"而不是粗暴地吼对方："这是我的！不能给你玩！"拒绝不一定会伤人，但强硬的拒绝、粗暴的态度一定会伤人。所以，温柔的拒绝是代表自己在乎对方的感受，使对方在承受拒绝的同时感到一丝温暖。

2.拒绝的态度要坚定明确

但温柔的拒绝有时会让人产生误会，以为孩子只是在客气，因而会继续提要求。在多次要求之下，孩子就会妥协。我曾经遇到过很多这样的事例，比如有的孩子说："我也不想答应他，可他说了很多次。"这就是拒绝的态度不够坚决明确，让对方觉得只要软磨硬泡，你最终还会答应。所以态度不仅要温柔，还要坚定明确："我真的不想给你玩，请你不要再说了。"口气温和，但表情可以严肃一些，让对方看到你不是在开玩笑，那么他就不会在这个问题上继续纠缠。

3.拒绝要诚实，不要故意找一些伤害对方的理由

拒绝有时候之所以伤害人，是因为我们给拒绝附加了很多伤害人的理由。例如，"这个飞机很难操作，你不会玩的。""你这么笨，怎么会玩这个玩具。"这就不仅仅是拒绝了，而是故意伤害对方。这才是真的不懂如何拒绝的孩子。拒绝只限于对方让自己做的事情，而不要否定和打击对方的人格。诚实地告诉对方"我就是不想给你玩"，而不是因为对方笨才不给对方玩。用打击对方来掩盖自己真实的拒绝对方的理

由，不仅是一种不强大，还是一种性情上的瑕疵。

4.父母要会正确地拒绝孩子

不能不说，我们大人很多时候也不懂如何拒绝。当孩子想让你陪他玩会儿的时候，父母会很不耐烦地对孩子说：“我忙了一天了，好不容易休息一会儿，你就让我陪你玩这玩那的，你懂不懂体谅大人！”那么孩子会觉得：“我是个不好的孩子，我带给妈妈烦恼了。”妈妈在拒绝孩子的同时成功地伤害了孩子。所以，可以这样说：“你想让妈妈陪你玩，妈妈理解你的感受，妈妈也很想陪你玩，但妈妈现在真的很累，可不可以让妈妈休息一小时再陪你玩？”这样的拒绝没有否定孩子的需求，没有用大道理切断自己与孩子之间的情感联结，照顾了孩子的感受，传递了自己对孩子的爱意，同时又真诚地表达了自己的想法，对孩子来说是一个温暖的拒绝。

另外，父母在拒绝孩子的时候态度也要坚定明确。有的父母一开始会拒绝孩子，在孩子的软磨硬泡下又答应孩子，态度反复无常，没有原则，也使孩子成为一个没有原则、无法坚定地拒绝别人的孩子。

如何拒绝他人是一门艺术，这门艺术不是一两天能够学会的，但首先要从敢于拒绝别人开始。因为不敢拒绝给自己带来的麻烦和内心冲突，一点也不比拒绝他人要承受的麻烦和冲突少。敢拒绝，会拒绝，做真实的自我，为自己而活，不迁就一段虚假的关系，才是真正内心强大的孩子。

5 稳定的心理状态：淡定应对千变万化的世界

做好一件事需要一定的心理能量，这种心理能量需要稳定的心理状态才能提供。如果孩子的“内心戏”过多，情绪总处于跌宕起伏中，就不大可能掌控自己的学习和生活。所以“要做好事情，先处理好心情”，以稳定的心理状态应对这个每天都处于变化中的世界。

能够掌控内心的孩子才能掌控外部世界

这个世界真正能由自己掌控的事情不多，事情的发展不受自己控制，他人不受自己控制，社会的发展、时代的变迁、自然的变化更不受自己控制。有时候想到这些我们就有些恐慌，这大概就是人追求稳定的原因吧，因为稳定才不会让人感觉到失控。但是，一切都处于变化之中，没有真正稳定的事物存在。那么人这一生，还有什么是自己能够控制的呢？想来想去，只剩下自己可以让自己掌控。

以前，我是个对生活很没有安全感的人，觉得很多事情自己都无法掌控。大到职业、收入、未来的发展、和他人的关系、身体健康，小到今天能不能按时起床、睡觉、吃饭、有效地做事情，感觉这一切都不在自己的掌控范围之内，心中经常感到焦虑和恐慌。后来发现，自己不能控制这些事情的原因是不能控制自我，如不能提升自己的技能去适应社会的发展，所以无法控制自己的职业、收入和未来的发展；不能控制自己的情绪、心态和认知，所以无法控制自己和他人的关系；不能控制自己的时间、精力、专注力、自律能力等，所以无法按时起床、睡觉、吃饭、健身、有效地做事情。因为不能控制自己的内心，所以让一切一团糟。我认识到，外界的一切不可能按照自己的期待发展，只有调整自我去适应外界，才能让自己的内心得到平静。于是，我渐渐学着放下对外界的控制欲和过多的期待，变为学着调整自己的欲望和内心节奏去适应外界，慢慢地，感觉到自己的焦虑和恐慌少了，不再需要外界给我安全感，而是可以自己制造安全感了。

当一个人总是想掌控外界的时候，其实他是被外界掌控了；当一个人频繁地关注外界的时候，其实他是被外界的纷扰掌握了内心的节奏。所以，人无法直接掌控外界或一件事情的结果，只能通过调整自我来把握这一切，如提高技能、心理的适应能力、承受能力和自我约束能力等，之后就会发现，一切虽然仍然不能全由自己掌控，但它发展的方向基本在自己的预期之内，结果基本在自己的承受范围之内。也就是说，通过调控自我，人大致可以把握事情发展的方向和结果。

例如，孩子想尽快做完作业去玩耍，这是他想要达到的事情发展的结果，但这个结果不会自动来到他的面前，需要他调控自己的注意力，集中精神去学习，才能尽快达到自己的目标。如果他不去调控自己的注意力，那么做作业这件事就不受自己控制。又如，孩子想和某个小朋友成为好朋友，但他若控制不住自己的情绪，经常和这个小朋友吵架、打架，那么想和对方成为朋友这件事就不受自己控制。对于我们成人来说，假如调控不好自己的欲望和时间，天天玩手机，自己的生活就会失控，健康也会失控。

所以，人是通过调控内心来控制自己的生活的，能够掌控自己内心的人才能掌控外部世界，这样的人才堪称强大。这样的人不会花过多的精力与外部世界较劲儿，而是把更多的注意力放在自己身上。当事情的发展不如己意时，他们不会去抱怨外界，而是尽快调整自己，让自己的内心先冷静稳定下来，然后集中所有能量去应对当下要做的事情，从而让事情变得“可控”。比如，孩子若能够调整自己的适应能力，就一定能够很好地适应环境；若能够调控自己的情绪，就能够不伤害他人，也不容易自伤；若能够调控自己的欲望、时间、精力，就能够让自己的生活有序地运行……所以，世界千变万化都不再害怕，因为自己能够淡定自如地应对这一切。

但是，究竟何为掌控，如何掌控，是需要好好梳理的：

1.掌控说的不是控制，而是调控

掌控自己的内心指的不是控制，而是调控。两者有何区别？控制是强迫，是大脑发出指令，强迫自己必须压抑自己的欲望和情绪，理性地去解决问题。无论做得到做不到，过程都会让孩子感觉到压力、紧张、压抑、不情愿、不快乐，虽然理智上很想去配合，行为上却常常做不到；而调控是疏导，是先觉察自己的内心，接纳并安抚自己的欲望和情绪，如果可能，也可使之得到某种程度的满足，让内心先平静下来，不再与自己的欲望和情绪较劲儿，然后再去面对理性必须面对的事情。

例如，孩子命令自己此刻必须去做作业，但此刻内心的真正欲望是“我想看电视”，因为欲望没有得到满足，所以内心无法专注，结果作业做了很久也没有做完。于是心情更加烦躁，因为电视也没有看。如果变成调控——先觉察并接纳自己的内心：我知道你此刻非常想看电视，这没有错，我理解你。如果你先看电视，作业就有可能完不成，那么你将会面对非常严峻的后果；但如果先做作业，之后就可以毫无负担地看电视。你选择哪一样呢？不能说做了这样的心理疏导后孩子就能马上专注地写作业，但会比控制要好一些。如果经常做这样的练习，孩子就会渐渐学会如何平衡自己的欲望和责任。如果条件允许的话，周末也可以让自己先看会儿电视再做作业。要让孩子学会调控自己的欲望、安排自己的时间，而不是父母或孩子强迫自己做什么。

每个人内心都有两个我：感性的我和理性的我，控制就是让这两个我变成敌人，理性的我指责感性的我：你有欲望是不对的，你忘记你的责任了吗？而调控是让这两个我成为朋友，理性的我告诉感性的我：每一个人都有自己的欲望，满足自己的欲望是合理的，我非常理解此刻你想满足自己欲望的心理，但你也不要忘了你的责任哦。这特别像两个人的相处，我先通过共情接纳和安抚你的情绪，让你的内心变得舒服，然后再去说事情。一个人如果有能力让自己的内心变得和谐、平静、不起情绪，那么他就有心理空间去做其他事情。这需要过程，所以需要父母从小帮助孩子练习。

2.反复训练，失控的时候不过于自责或他责

自控并不容易做到，否则每一个人都可以很轻松地成为内心强大的人。例如我自己，也常常有管理不住自己欲望的时候，有时我会因此产生罪恶感，觉得自己很无能，竟然管理不了自己的欲望。每当这样谴责自己的时候，我就感到很痛苦。但痛苦之后，我会再次训练自己学习自我调控。因为我明白，人的欲望是无止境的，如果不学会调控，生活会更加失控，而失控带来的痛苦远大于自我调控带来的辛苦。因为我找到了调控欲望对于人生的重要意义，所以我能够不停地训练自己。

父母也要让孩子明白这一点，并帮助他不断练习。不要在他控制不住自己欲望的时候过于指责他，也不要让他陷入太大的自责。一是会把他推入罪恶感中。二是当他觉得这件事太难时，会破罐子破摔，觉得自己反正也做不到，那就被欲望淹没吧。所以，父母要一边安抚，一边提醒，一边鼓励。父母要成为孩子的好战友，推着他越来越好。

内心强大是建立在内心健康的基础上，当一个人的内心十分健康时，他才能自如地调控他的心理活动。这和身体健康是一样的道理。当一个人的身体十分健康时，他就能够自如地调控他的四肢。所以我们不要控制，而要通过调整自己的欲望、情绪、认知、心态等让内心得到健康。身体健康的标志是各方面的数值都处于一个相对稳定的状态，而心理健康的标志也是各种心理活动处于一个相对稳定的状态。心理稳定

了，才能更好地去应对这个不稳定的世界。

排除一切干扰，专注于当下

竞技比赛时，当运动员的竞技能力相差无几的时候，往往专注的、没有杂念的人更能取得胜利。它的心理机制是，专注意味着此刻把自己所有的精力、智力、心理能量都用在当下这件事情上，投入得多，产生的效果当然好。而如果此时分神，想着和比赛无关的事情，如结果、名利、荣誉等，就很可能有失准的发挥。

这一点我也深有体会。在智能手机没有普及之前，我的专注能力也很好，所以工作效率特别高。但自从有了智能手机以后，我就越来越无法专注了。每次工作没多久，就打开手机看一看，打开QQ、微信，看看有没有人联系自己，大部分时间并没有。刷刷微博，看看又发生了什么新鲜的事情，其实大部分都跟自己无关，但还是忍不住想要看一看。这时候我就发现，精力被分散了，时间被拖延了，工作计划严重被打乱了，然后，工作效率降低了。

我一直很佩服专注的人，我觉得他们太强大了。为什么呢？因为专注意味着要排除各种干扰，除了外界的杂音，还有内心的杂念，往往内心的杂念更难排除。因为杂念代表着诱惑，能够抵挡诱惑，专心去做自己必须要做的那件事，是非常难的。例如对运动员来说，名利、荣誉、名次、得失等，都是莫大的诱惑，可在比赛的一刹那却必须忘记这些，而只记得当下如何把平时训练的技能发挥到极致。这看似比的是体力、技能，其实比的是心理。

回到孩子身上来，孩子们的智力并没有太大的差别，但为什么有些孩子能把学习这件事做好，有些却不能，区别就在于投入的程度不同，专注的能力不同。这个道理是很简单的，难的是如何做到专注。所以我们着重来讲讲方法。

1.没有杂念，就容易专注

诱惑越多，杂念越多的人越不容易专注。那么相对而言，没有那么多杂念的人就比较容易专注。孩子做事情其实本来是没有那么多杂念的，是我们成人给了他很多杂念。学习本来只是一场智力游戏，父母却告诉孩子：学习好的孩子聪明，学习好值得我们骄傲，学习好会得到别人的夸奖，学习好能考到好学校、将来找到好工作、过上成功幸福的生活……结果孩子本来可以单纯地做一场智力游戏，却被父母赋予了这么大的使命，以至于他在学习时多多少少都会受到这些思想的影响。我们可以回想一下，是不是年龄越大，学习时的心理负担就越大呢？因为杂念在内心的声音越来越大，不断提醒我们学习不好会怎么样，以至于我们无法像童年时那么快乐和专注地学习了。

中国有句话叫“无欲则刚”，就是说没有（调控好）欲望、没有杂念的人才能强大，所以父母完全不必人为地给孩子制造那么多杂念，让他活得简单点，单纯些。学习不为什么，就是挑战自己的智力，就是一场智力游戏。你看孩子玩游戏时总是那么专注，不就是游戏让他放松，让他没有任何心理负担，这时候，人就比较容易专注。

很多时候，简单就是一种强大，而复杂的人不容易强大，因为复杂的人心中容易有杂念。而孩子本来是很简单的，所以尽量让他活得简单一些，心理负担越少的人，这一生越容易幸福。

2.有浓厚的兴趣，就比较容易专注

对自己感兴趣的事情，不用别人监督，就会投入地去做。那么，如果可以选择，孩子对什么感兴趣，就让他去做什么。如果无法选择，就尽量让他对他要做的那件事产生兴趣。比如学习，大部分孩子都没得选，必须学，那么尽量让孩子爱上学习。方法也是不要给学习抹上那么功利的色彩，天天把成绩、升学挂在嘴边，让孩子压力过大或者对学习产生厌烦情绪，一旦厌烦就很难专注。其实学习本身是有乐趣的，因为它本身是一场智力游戏，当孩子攻克了这场游戏中的一道道难关，就会产生愉悦感和价值感，这时他就会爱上学习本身，那么专注也就是自然而然的事情了。很多时候，是外在的一些因素毁掉了孩子对学习的兴趣。所以，父母要保护孩子对学习的兴趣，让他为兴趣而学，而不是出于过于功利的目的。

3.用诱惑来奖励自己的专注

因兴趣而专注是幸福的，但人不可能时时拥有这种幸福，因为我们做的每一件事不可能都是自己喜欢的。比如孩子再喜欢学习，也不大可能每门功课都喜欢，可仍然需要通过专注把它学好。这个时候该怎么办呢？我们可以用自己感兴趣的事物来奖励自己不太喜欢的事情。不是很喜欢数学，那么我学半小时数学，就奖励自己看十分钟电视。学一小时数学，就奖励自己看二十分钟电视。这样就可以让学数学这件事变得快乐一些。用甜来冲淡一下苦，让苦不那么苦，孩子也就容易专注一些。孩子的自制能力没有那么强，让他完全远离诱惑是不大可能的，有美好的事物等着他，就让他有了动力去做那件不那么美好的事情。

4.不要让孩子过早地沉迷电子产品

毫无疑问，电子产品会让人的专注力下降。首先，因为网络信息更新得太快，让你这个还没消化，就又去关注那一个，最终失去了专注一个信息的能力。其次，它会让你被动地去关注一些事情，让你不知不觉跟着它的节奏走，扰乱你的时间规划。它所带来的新鲜感和刺激是孩子无法抵抗的，就连成人都无法抵抗。可以说，电子产品是很多现代人无法专注的大敌。所以，在孩子太小还没有养成良好的生活习惯的时候，不要让孩子接触电子产品。我曾经看到一个明星，他的家里没有网络，没有电视，父母在孩子面前也几乎不玩手机，家里都是书、手工玩具、花花草草等，结果孩子就喜欢读书、制作手工和到大自然中玩耍，对手机根本就没什么兴趣，无论是读书还是玩耍，专注力都较好。等孩子对这些对身心更有益的事情产生了浓厚的兴趣之后，再让他们适当地接触电子产品是更为妥当的做法。

5.强制措施作为辅助手段

如果以上方法都来不及了，孩子确实已经无法专注了，我们也可以适当采取一些强制措施。如我工作的时候，就会把网线断掉，把手机关机放在另外一个房间，等专注工作几小时之后再去看手机。父母也可以尝试这样去做，让孩子远离诱惑，给他们创造一个有利于专注的环境。但不是每个孩子都理解这种做法，所以父母在这样做之前最好和孩子协商一下，不要因此和孩子产生过大的冲突。

总之，提升专注力是一件不容易做到的事情，需要父母在孩子很小的时候，从孩子的各个方面去培养。但有了专注力，孩子就有了较为稳定的心理状态和充足的心理能量去做当下要做的事情，那么他的人生效率、人生质量都会提高很多。

提升对环境的适应能力，保持心理平衡

人这一生都生活在环境中，家庭、学校、公司、社会，以及这其中的人组成的人际环境，还有无形的环境——所处的时代。心理强大就是能够随这些环境的变化而变化，很好地适应环境。当无法适应环境时，

人就会感到不安，就会产生焦虑、恐惧等负面情绪，尤其是刚刚来到一个陌生环境时。

每年九月份，幼儿园小班的门前都有哇哇大哭的孩子，他们抱着爸爸妈妈的脖子不撒手，要从熟悉的家庭到一个陌生的环境中去，这让他们焦虑不安。这种焦虑不仅来自要和妈妈暂时分离，还有对陌生环境的恐惧感。幼儿园是陌生的，老师是陌生的，小朋友是陌生的，他们会对自己说些什么、做些什么，在这里会发生些什么，如果发生了不开心的事情，谁替自己解决？熟悉的爸爸妈妈不在自己身边，自己好没有安全感。

对幼儿园恐惧好理解，毕竟孩子小，第一次离开父母。但大一点的孩子也会对陌生环境产生恐惧感或不适应的感觉。

上小学三年时，我转过一次学，是从农村的小学转到城里的小学，转学之后我特别不适应。同学们会讲普通话，我不会；同学们会玩各种体育项目，我不会；同学们穿得漂亮，我不漂亮；老师的讲课方法和原来的老师不太一样，我听不习惯。于是我陷入了自卑和自闭中，天天不说话，不和同学玩。我央求爸爸把自己转回原来的学校去，爸爸不答应。为此我哭过好几次，在不开心中度过了很久，才渐渐适应这个学校。

成人后，我对陌生的环境适应能力也不是很强，到一个新公司，总是需要较长的时间才能适应人和事。尤其害怕和陌生的同事和上司打交道，这给我带来了不少困扰。有问题不敢请教同事，不敢和上司打交道，这给自己的工作带来了很多不便。这个问题一直到走向社会多年后才渐渐得到缓解。

对陌生环境的适应能力我确实不够强。后来我总结到，人为什么会对陌生的环境产生强烈的不适感甚至恐惧感呢？这是因为陌生让我们有一种不确定感，人最害怕的不是要发生什么，而是不知道要发生什么。在熟悉的环境中，会发生什么事，会遇到什么人，地理环境是什么样的，自己都了如指掌。今天会发生什么，明天会发生什么，自己基本都能预知。遇到麻烦的事情自己该怎么应对，如果不能应对身边有熟悉的人帮自己解决，最起码有人倾诉。而在一个陌生的环境中，这一切都失去了，即将发生的一切都是未知的，这让自己非常不安。

面对陌生的环境，人多多少少都会有些不安，但强烈的不安是会严重影响自己的身心和学习、工作以及生活的。人一辈子不可能只在一个固定的熟悉的环境中生活，所处的环境会不停变化。求学时期，幼儿园，小学，中学，大学；工作时期，会有不同的公司；成家以后，我们会和一个不是那么熟悉的人组成全新的家庭，还要融入对方的家庭。如果不能较好地适应这些环境变化，孩子的学习和生活都会受到影响，内心的安宁和幸福也会受到损伤。

人更难把握的一个环境是时代，这个无形环境虽然看不见、摸不着，但它时时刻刻都存在，都会对自己产生影响。尤其是现在这个时代，变化太快，更难适应。时代会如何发展，自己会不会被时代淘汰，应该主动改变自己去适应环境，还是随波逐流，这些问题时刻困扰着人们。相比较有形的环境，时代环境更充满不确定性，于是人的内心更加恐慌。孩子也不可避免地被时代影响，学校的功课随时在随时代调整，考试制度随时在随时代变化，要成为一个什么样的人随时受时代影响，这些都需要孩子调动自己的各种能力去适应。如果缺乏这种能力，轻者焦虑不安，重者心理崩溃。

所以，提升孩子对环境的适应能力，也是一个内心强大的孩子所必备的心理素质。

1.提升自信

对陌生环境恐惧普遍有这种心理：到那个学校，我不适应老师的讲课方法怎么办？学习成绩不如其他同学好怎么办？同学和老师不喜欢我、孤立我怎么办？这种心态基本上还是不自信。不自信带来了很多负面感受，让自己的内心感到不舒服、不快乐。所以还是要提升孩子的自信，提升孩子的自我认同感，不要过于在乎别人对自己的看法。相信自己是可以胜任学习并得到老师和同学的喜欢的，就算偶尔得不到也没关系。父母还是要帮助孩子建立起内在评价机制。

2.主动适应

面对一样新的事物或新的环境，我们最好主动适应它，找到心理平衡，消除不适感。对环境的主动适应就是去了解你所处环境中的一切，做出适当的改变。比如，调整自己的学习习惯主动去适应老师的讲课方法，如果不适应，可以向老师提出要求，看看老师能不能为自己做一些改变；主动去和同学交朋友，让自己和同学彼此熟悉，如果能交到一两个较好的朋友，对新环境的不适感就会消除很多。哪里有朋友，哪里就会让自己产生愉悦的感受；多到这个环境中走走看看，熟悉这个环境中的一草一木，对这里产生感情，陌生感就会渐渐消失。通过以上三点，对新环境就会越来越适应。

当然，这需要自己的性格不是太孤僻，或者愿意去改变自己的性格。这也是内心强大的表现，因为环境不会主动来适应自己，想要掌控自己的生活，就要主动调整自己去适应周围的一切。

3.被动适应

主动适应是一种内心强大，但被动适应也并非完全是懦弱。有时候，环境不如己意，自己也改变不了，比如老师不会为了自己一个人改变教学方法，同学们好像也有点排斥自己，我们怎么办呢？其实什么都不做也是一种办法，交给时间，让自己慢慢去适应。时间长了，就渐渐适应老师的教学方法了，同学们也渐渐了解自己、愿意和自己交朋友了，那么问题就得到解决了。在这个过程中，也可以采取一定的躲避措施。如果同学们排斥自己，那么刚开始自己就和他们保持一点距离，不和他们发生摩擦。时间长了，他们了解自己了就会接受自己。

这一点我曾经体验过。有一次，我刚到一个公司任主管职位，下属们不太接受我，对自己态度甚是冷淡。我心里特别不舒服，后来我想，我把工作做好就好了，其他的就随他去。于是就这样过了不久，同事们看到了我的工作能力和为人，越来越接受我，甚至成为我非常好的朋友。

面对不可改变的环境，在行为上我们不需要刻意做什么，只需要稍微调整一下自己的心态，让心态尽量平和一些，时间长了，这个环境中的人和事都会渐渐与自己越来越贴合。在这个过程中，也需要自己付出一定的等待和忍耐。这种适应环境的方式，看似被动甚至有些消极，但实际上也有积极的意义。

适应环境可以灵活地去面对，假如孩子的性格比较外向，那么可以主动去适应；假如孩子的性格较内向，也不需要违拗自己的内心，强迫自己去适应。可以顺其自然，慢慢地去适应。只要在这个过程中能够保持心理平衡，没有大的情绪波动，都不失为一种心理强大。

4.与时代同步，随时代进步

对时代最好的适应方式就是与时代同步，随时代进步，而这需要人对时代有一定的敏感度，当时代发生微妙变化时，自己能够捕捉到。可以通过关注各种资讯、与身边的朋友交流和观察社会变化等来捕捉时代的变化。当时代变化时，自己也随之变化，这包括心理上的变化和生存技能上的提升，如果这两方面都能保持与时代同步，便能很好地适应时代环境。虽然孩子由于年龄的限制对这些还不太关注，但父母可以通过自己对时代的把握来培养孩子，使孩子各方面的成长与时代同步，那么将来他就能较好地适应时代的变化。

面对周遭环境的变化，孩子既要学会变又要学会不变，变的是思维、认知、心态、技能，不变的是情绪。在保持情绪稳定、内心不失衡的状态下，调整自己的思维、认知、心态、技能去适应环境。做到这两点，才算是内心强大，才拥有了很好的适应环境的能力。

情绪不失控，孩子的人生就不容易失控

人们是怎样失去对自己人生的掌控能力的？往往从情绪失控开始。若控制不了自己的情绪，在遇到挫折时，便会意志消沉、失去斗志、无心学习和工作；在与他人相处时，便会言行伤人，导致人际关系紧张或破裂；在情绪失控的情况下，人们还会作出错误的人生抉择，导致命运偏离自己原本设想的轨道；最可怕的情况是暴力犯罪、激情杀人，那么一个人的人生就真的被毁掉了。所以，一个控制不了自己情绪的人，不太可能掌控自己的人生。

孩子比之成人更容易情绪失控。曾经见过一个小孩，不知因为什么事情，躺在雨中的大街上号啕大哭，妈妈怎么拉都不起来。我一个朋友曾向我咨询，他的儿子特别容易发脾气，只要稍有不满意，就摔家里的东西。妈妈开店做生意，他在妈妈的店里大闹，导致妈妈无法工作。在学校和同学吵架，言语顶撞老师，学校劝他退学。而他平时沉迷手机、电脑等电子产品，一点自控能力都没有。情绪失控，不仅使他自己的人生偏离了正常的轨道，也严重影响了别人的生活。

孩子为什么更容易情绪失控？因为孩子的全能自恋感比较强烈，认为世界就应该让自己满意，不满意他们就如婴儿吃不到奶一样大哭大闹。但大多数孩子随着年龄的增长，全能自恋感就会渐渐退去，孩子也渐渐能控制自己的情绪。如果孩子的情绪控制能力和他的年龄不匹配，有可能是在成长的过程中全能自恋感未得到充分满足或被过度满足（溺爱）。若不及时弥补或纠正，长大成人后依然是个容易情绪失控的人。

情绪是心理活动的外在表现形式，无法控制情绪的孩子，多半是心理活动出了问题，如需求、认知、动机等。所以，要引导孩子管理好自己的情绪，不能“头痛医头，脚痛医脚”，而要从他的心理活动入手。有一些情绪管理方法如觉察自己的情绪、记录自己的情绪变化、做深呼吸练习等，固然也有一定的效果，但只是在情绪这个表象上做文章，不能从根本上解决问题。所以，父母若要帮助孩子很好地管理自己的情绪，必须从不同的心理活动入手。

1.需求

情绪是怎么来的？最初，它和婴儿的需求密切相关。婴儿饿时，你不让他吃，他就会产生负面情绪，如哇哇大哭，而且还必须马上吃到。因为婴儿没有延迟满足能力，不懂得等待。若吃饱了，就会产生正面的情绪，如眉开眼笑或非常平静。所以，解决孩子的情绪首先要从需求入手。在婴幼儿时期，充分满足他的需求，即充分满足他的全能自恋感，使他形成良好的存在感和自信心。之后，就有心理能量接受不被满足的时刻。

随着孩子年龄的增长，他会渐渐明白不是自己所有的需求都会被满足，但这时无论是从情感上还是理智上他都比较能够接受，因为在婴幼儿时期已被充分满足，内心充满被满足、被爱的良好感受，理智上对世界也有了一定的认识，所以全能自恋感（自我中心化）不再那么强烈，就算一时不被满足也不会再有强烈的负面情绪了。

但要注意，满足孩子的需求不是没有原则的，不能形成溺爱。溺爱会使孩子的全能自恋感被放大，欲望被放大，那么父母给予多少都无法满足，只要不满足他就会产生强烈的不满情绪，如婴儿时期一样哭闹。也就是说，孩子虽然年龄增长了，但他的心理还停留在婴儿时期。

那些不能很好地管理自己情绪的孩子（包括成人），多半和需求没有被合理对待有关，不是未被满足就是被过度满足。但如果孩子的婴幼儿时期已经过去，全能自恋感已经有所损害，父母就要从两方面来弥补，一是合理的需求尽量满足，弥补缺失的全能自恋感。二是不合理的需求不满足，不能形成溺爱。但要说明原因，注意方法，让孩子更容易接受。

2.认知

情绪ABC理论中说，让人产生负面情绪和行为的不是事件，而是人对事情的不合理认知。所以，要管理好自己的情绪，就必须改变不合理的认知。如何改变孩子的不合理认知，我们前文中已讲了不少。这里补充一点，让孩子多接触客观现实，就更容易形成合理的认知，因为合理的认知首先是符合现实的。例如，孩子认为我天生就应该被满足，我要什么父母就应该给我什么，可他接触了现实却发现，世界不是围绕着自己转的，而且别人也不是什么都能被满足，人都有被满足的时刻，也都有不被满足的时刻，那么他的认知就会慢慢发生改变。人越懂客观现实，越清醒理智，也就越成熟。而总是待在狭小的自我世界里，就容易有不合理的想象，产生错误认知。

3.觉察自己的情绪从哪里来

孩子产生情绪的原因究竟是需求还是认知，或是其他方面，除了父母帮孩子判断外，最重要的是让孩子自己学会判断。判断这个过程就有助于孩子管理自己的情绪，因为判断需要思考，而人一思考就变得理智了。知道了自己产生情绪的原因之后，才能采取相应的办法消除情绪。而产生情绪的原因有时候不会那么明显，它可能隐藏在自己的潜意识中，所以需要孩子通过觉察把它找出来，这个过程别人无法代替。觉察自己的情绪就是试着去了解自己的情绪，和自己的情绪进行对话，找到自己产生情绪的动机，针对具体的动机去想办法消除自己的情绪。就算最终无法满足自己的动机，光找觉察这个过程就会让自己冷静下来。如果孩子养成了觉察自己情绪的习惯，那么他情绪失控的概率是很小的。

4.意志

意志对管理情绪有一定的帮助作用。意志力强的人自制力相对比较强，而意志力差的人相对比较怯懦和任性，即心理上的承受能力和管控能力都比较差。那么，父母可以从提高孩子的意志力来提高孩子的情绪管理能力。提高意志力的方法有很多，如阅读相关的书籍，了解一些意志力强的人是如何把控他们的人生的，提高思想上的认识度。父母也可以带孩子参加一些户外挑战活动，让他们通过克服身体上的极限、心理上的恐惧等来提高意志力，从而提高他们管理情绪的能力。

管理不好情绪的人通常攻击性也比较强，可能会攻击自己，如意志消沉、抑郁、无法专注等；也可能会攻击他人，如言行伤人等。但使情绪消失的办法不是压制，而是疏导。从需求和认知两方面进行疏导，让孩子的内心得到满足、舒服、快乐、平和，那么他的情绪自然也就消失了。

自律是一种不易做到的强大

在有人监督的情况下去做一件事不难，但在无人监督的情况下去做一件事特别难。前者是他律，后者是自律。自律代表着和自己的惰性、欲望等作斗争，而惰性、欲望都是人的本能，如长在心里一样，无法根除，所以自律的过程大多是痛苦的。

每一个孩子都经历过做寒假作业和暑假作业，可很多时候都是这样，到了快开学的时候才意识到，作业还有一大半没有做。于是慌了、急了，废寝忘食地去做。不但心情弄得很紧张，精神和身体也很疲累。其实每个孩子都知道，如果每天都做一点，完全可以很轻松地完成，但就是做不到。为什么呢？因为没有人监督。有时父母可能会督促，但也只是说说而已，没有具体的监管措施，更没有具体的惩罚措施。于是孩子就在一天天的懒散中度过，而临近开学不得不拼命地赶作业，甚至有时候真的赶不完，受到老师的批评。

很明显，这种情况是缺乏自律精神。所谓自律，就是在没有人监督的情况下，自己能够约束自己的行为，自觉主动地做每一天必须要做的事，按照时间安排，有序地完成自己的学习、工作和生活计划。

其实，每一个孩子都知道自律的好处，但就是做不到。为什么呢？因为自律违背了人的天性。人的天性是什么？是自由，即想做什么就做什么，不想做什么就不做什么。可是自律需要约束自己，即不想做什么的时候也必须去做什么。这就让人非常痛苦。而逃避痛苦追逐轻松、舒服、自在、快乐是人的本能。也就是说，人的本能就是不想自律。

可是我们不能按照本能活着。首先，社会不允许。因为活着需要食物，需要资源，这些需要通过竞争获得，参与社会竞争就必须遵循一定的社会规则，而这就必须约束自己。其次，完全按照本能活着会更痛苦。想什么时候玩就什么时候玩，想什么时候睡觉就什么时候睡觉，想什么时候学习就什么时候学习，开始可能会觉得幸福，但长久下去你会发现，没有按时吃饭、睡觉、运动，身体垮了，精神萎靡了；没有好好地去学习、工作，学习技能和工作技能都下降了，无法很好地获取生活资源了。最后，生活彻底乱了，人陷入了更大的痛苦之中。

如果说自律让人感觉痛苦，那么不自律会让人更痛苦。

区别在于，自律的过程会有些痛苦，但结果会让人幸福。而且一旦自律变成了习惯，过程也不会觉得痛苦；而不自律虽然过程中感到舒服自在，但结果会让人痛苦。而且一旦不自律变成了习惯，过程也不会多幸福。因为生活就是需要有一定的规律，白天就是需要活动，夜晚就是需要睡觉。若违背了这个自然规律，必然会给自己带来痛苦。

综上所述，自律给人带来的益处更大。所以有句话叫作“越自律越自由”，意思就是说绝对的自由（按本能而活）并不能带来真正的自由，人反倒成了欲望的奴隶；而相对的自由（自律）才能带来真正的自由，即心境上的自由。其实也是告诉我们，人活着就不可能有绝对的自由，我们都是在一定的规则里去尽量获得心境上的自由，而能做到这一点的人非常强大。因为这需要跟自己的欲望作斗争。其实，与其说人的天性是自由，不如说人的天性是欲望。而人的欲望是无止境的，所以，完全按欲望而活，人永远得不到真正的自由。

无论是从社会的层面，还是从心灵的层面，我们都需要自律。

无数人都曾验证过，自律确实很难做到，包括我本人。这就需要我们从心理层面作深刻透彻的分析，让我们发自内心地认同自律的重要性，同时弄明白这么重要的事情我们为什么做不到，这是自律的第一步。那么第二步就是具体的实施措施。在讲具体的措施之前，我需要先讲一个我身边的自律达人的故事。

我有一个朋友，她是一个企业的中层管理人员，也是一个妈妈，同时又是一个产量非常高的作者。她是如何身兼数职，并做得非常好的？

早上5点钟起床，写作两小时，然后吃早餐送孩子去幼儿园。

上午8点到12点是上班时间。

中午除去半小时的吃饭时间，12点半到2点，再写作一个半小时。

下午2点到5点半，上班。

下班后到晚上这段时间，8点到9点她会跑步一小时，其他时间几乎都用来陪孩子。如果孩子睡得早，就看一会儿书或学一会儿英语，但保证在11点前睡觉。

周末的时间分成四大块，分别用来休息、陪孩子、看书、写作，会和孩子、老公到公园或郊外游玩。

节假日安排一家人国内游或国外游。

平时随身带着笔记本和书，利用碎片时间读书写作。

她严格执行这个时间安排，几乎从未破坏过。她也没有屏蔽朋友圈、微博这类社交媒体，但生活并没有受到社交媒体的影响。

结合我朋友的案例，我们一起来探讨一下究竟该如何做到自律？

1.用“理想小人”和“目标小人”来监督自己

没有任何理想或目标的人能做到自律吗？我认为很难。除非那种生来就很自律的。因为理想或目标是精神动力和精神指引，在它的感召或推动下人更容易行动起来。例如，我那位朋友以前过得也是浑浑噩噩的，睡懒觉、吃零食，熬夜看电视剧，于是，她变成了一个大胖子。直到两年前，她再也无法忍受自己，于是她决定健身，同时重拾少年时的梦想——写作。她很快行动起来，从决定到行动似乎并不难，因为理想和目标就像是一个人一直在冲她喊：“加油！加油！”同时，理想和目标好像也在监督她，每当她想懒的时候，内心那个“理想小人”和“目标小人”就对她说：“你忘了你的理想了吗？你忘了你的目标了吗？”于是她不敢懒了。所以，理想和目标很重要，没有它们，光靠那些干巴巴的方法是很难打败欲望的。

那么孩子也可以通过理想和目标自律起来。例如，我想成为一个什么样的人，我想在哪方面取得成绩，要具体一些，并把它写下来：我想成为一个拥有音乐天赋的人，我的目标是今年考到钢琴几级。理想可以抽象一些，但目标一定要具体，只有具体的目标才能执行。如果只有理想没有目标，如我想成为一个拥有音乐天赋的人，但怎么成为呢？到哪一步才算是拥有了音乐天赋呢？如果不去制订，就无法展开行动，那么理想就只能成为一个缥缈的、永远无法实现的理想。

2.用时间表给自己心理强化

可以看出，我的朋友是严格按照自己的时间表来自律的，尽管她这个时间表未必写下来。时间表的作用是对自己的时间、精力、情绪等进行管理。人一天只有24小时，精力也是有限的，情绪也有可能会不稳定，而人每天要做的事情、想做的事情都不止一件，不规划一下，有可能会拖延，导致做了这件做不了那件。同时，时间表对自己也是个监督：这个时间段有没有做完这件事，如果没做，是不是要小小地惩罚一下。比如暑假期间，几点起床吃饭，几点做暑假作业，几点玩耍，几点看电视，几点睡觉，列个表格，做完一件打一个√。同时注明，如果哪天没做作业，就惩罚自己第二天不许看电视。这样做是给自己一个仪式感，强化自律的习惯。当习惯形成以后，这个表格也可以不需要，因为时间表已经在自己的心中了。

3.每一个时间段都要专注

我的朋友说，她做每一件事情都非常高效，别人写一篇文章需要三四小时，她只需要两小时。不仅是因为她能力强，更是因为她专注。

没错，做不到专注，制订了时间表也没用，因为每一件事情都不能在规定的时间内完成，那么整个计划就会被打乱，所以每一个时间段都要专注。自律是为了有一个高效的人生，而高效才能达到自律。时间表里有专门玩耍娱乐的时间，所以学习的时候就专心学，玩耍的时间就专心玩儿，而不是一边学一边玩儿。无法专注不仅会造成拖延，还会让自己不快乐，学习的时候惦记着玩儿，玩儿的时间惦记着学习，心情始终不能放松，玩儿的时候可能还会有罪恶感，无法享受每一件事的过程。

4.在心理上对长期压力进行分解

孩子为什么不能坚持天天做暑假作业，因为他知道，这不是一两天能做完的事情，今天不做也没关系，反正还有明天、后天。也就是说，因为有明天可以依赖，所以今天就可以偷懒。另外，做一件事需要耗费心理能量，而坚持需要耗费大量的心理能量，这让人感觉到累。逃避累也是人的本能。

但是，如果这不是一件长久的事情，没有明天可以依赖，今天必须做完，孩子就不会偷懒。所以不妨把长期目标变成短期目标，把暑假作业量化，每天做两页，今天做完两页，就不再去想它，明天的目标是明天的事。通过这种方法减轻心理上的压力和执行上的难度，因为如果每天都想着有一件事没有做完，整个过程都会充满心理压力，有时会因压力过大索性不做，所以不妨在心理上对压力进行一下分割。如果只是把长期目标量化，心理上不去做这样的调试，那么还是不容易做到自律。

5.扔掉一部分欲望或目标

有一段时间我买了好几个网络课程，但我发现我完全没有那么多时间听，每个课程我只听了一两次就再也没有听过了，浪费了钱不说，也让我谴责自己：你怎么总是做不到自律？其实我是没时间。一个人利用时间的能力再强，能做的事情也是有限的，若时间表里罗列的事情过多，超出了自己所拥有的时间和精力能做到的范围，那怎么也是做不完的。这时，并不是你不自律，而是太贪婪。所以，要暂时扔掉一部分欲望或目标，先完成一部分事情，再在自己的时间表添加其他的事情。

6.体育锻炼是必需的

若要专注、高效地完成自己时间表里的事情，需要有好的体力和精力，否则想要学习的时候困了，想要起床的时候起不来，谈何自律？我的朋友之所以能做到自律，和她每天晚上都跑步一小时分不开，运动后晚上睡觉会更香，别人需要睡七八小时才能保证第二天有精力，她只需要六小时。日本作家村上春树坚持跑步几十年，才能坚持写作几十年。所以，若想做到自律，体育锻炼是必需的。同时，运动也是一种自律，还能锻炼自己的意志力。

7.随时满足自己合理的欲望

我的朋友常常在读书写作的夜晚给自己点一份外卖大虾，说这样工作起来更有动力。是的，自律是一件有益的事情，但它同时又是一件乏味和痛苦的事情，因为它要重复，要坚持，要克制自己的欲望，所以，如果这个过程中没有一点奖赏和安慰，那么人是很难做到长时间的自律的。对孩子来说更是如此。所以，父母不妨时不时地给孩子一点奖赏和安慰：在孩子学习的时候，给他一杯他最喜欢喝的饮料；在他做得比较好的时候，给他买一个他最喜欢的玩具。既然自律要克制人的欲望，那么最好的奖励和安慰就是时不时地满足一下孩子的合理欲望。自律是为了创造生活，但若只创造，不享受，自律就没有意义了。但若只享受，不创造，人也会变得空虚。所以，一边创造，一边享受，才能维持心理平衡，使自己愿意长期自律下去。

8.太多的他律会破坏孩子的自律

一些父母有这样的习惯，怕孩子不自律，所以紧紧盯着孩子，不停地督促孩子“该起床了，该做作业了，该睡觉了”，甚至还会全程监督孩子做作业。可父母却没有意识到，正是这样的行为使孩子失去了自律能力。为什么会这样呢？我们想一下，如果早上总有人叫自己起床，自己还会操心按时起床这件事儿吗？不会的。因为有他律可以依赖，所以人就不需要自律了。因此，太多的他律会破坏自律。自律也是需要调动心理能量的，如果做什么事情都有父母提醒，孩子也就懒得自己提醒自己了，那么他就无法形成自律的习惯了。而且，过多的他律也是对孩子的一种不信任，不相信孩子可以做到自律。所以，可以在孩子做不到自律的时候提醒一下他，但不需要过多的督促和提醒。

9.从不自律的后果中学会为自己负责

如果品尝到了不自律的可怕后果，孩子或许就会对自律真正重视起来。例如不按时起床，迟到了，被老师当着全班同学的面批评，如此难堪的场面终于让孩子意识到明天必须按时起床。所以，如果孩子的自律能力不好，那么不妨放任他一两次，让他品尝一下不自律的可怕后果，让他意识到不自律毁坏的是自己的学习和生活，从而认识到必须自律起来，这是为自己的人生负责。

不自律会摧毁一个人的心智、外貌、身体乃至整个人生。而自律是解决人生问题的首要手段，也是消除人生痛苦的重要手段。自律不容易做到，但一旦做到，孩子的人生一定会产生跨越式的发展。

6 独立能力：获得未来更多的选择权

不独立的人一生多半受制于他人，因为他们缺乏决定自己命运的意志和能力。精神上的不独立容易造成随波逐流，能力上的不独立使他们无法拥有自己想要的生活。所以，培养孩子的独立能力，就是培养他们拥有对自己生活的决定权和选择权。

独立的孩子才有能力选择自己想要的生活

选择自己想要的生活，是每个人的权利，却不是每个人都有的能力。想想看，有多少人随波逐流，根本不知道自己想要的生活是什么。还有多少人知道自己想要的生活是什么，却没有能力得到。所以，精神不独立和能力不独立的人不大可能过上自己想要的生活。所以说，选择不仅是一种权利，更是一种能力。

刚走向社会时我一直从事着自己不喜欢的工作，厌烦到何种程度？每天早上醒来都会在心里对自己说：“痛苦的一天又开始了。”可是纵然这样痛苦，我也没有勇气辞掉工作。因为以我当时的工作能力完全没可能找到更加满意的工作。所以，虽然感到痛苦和迷惘，却必须忍受，因为那是我当时唯一的选择。那时我才意识到，自己并未真正独立。表面上看我能够养活自己了，但精神上却必须依附于一份自己不喜欢的工作和生活。

有句话叫作“自由不是你想做什么就做什么，而是你不想做什么就不做什么”，但是，“不想做什么就不做什么”是建立在有能力选择比目前更好的，但我那时没有这样的能力，所以根本就没有“不想做什么就不做什么”的勇气和潇洒。生活中有不少人和当年的我一样，做着自己不想做的工作却不敢辞职，过着自己不想过的生活却没有勇气离开。他们要么在煎熬中忍受着，要么渐渐麻木失去改变的意愿。但还好，我没有失去改变的意愿。

当对现状有了强烈的不满后，我开始通过各种渠道学习新的技能，几年后，我的翅膀终于“硬”了。我辞掉了原来的工作，离开了原来的行业，进入我喜欢的工作领域，同时我还可以较为自由地选择自己喜欢的工作内容，而工作的改变也带来了我生活的改变。对于我不喜欢的工作和生活，我终于有能力和勇气说“不”了。对于自己喜欢的工作和生活，我终于有能力去拥有了。

这时我对自由的理解是，自由不但是不想做什么就不做什么，同时也是想做什么就敢去追求什么，并在某种程度上可以实现。而实现的前提是，自己的能力提升了，而能力是独立的前提。这个能力不仅包括技能，还包括意识，即有没有独立的思维，知不知道自己想要的生活是什么，敢不敢去追求，改变的意愿是否强烈。因为意识指导行动，假如我当年没有强烈的改变的意愿，就不会主动去学习技能，也就无法拥有自己想要的生活。所以，拥有独立意识的人是可以让自己变得强大的。

独立为什么会带来这样的效果？因为独立的人心中始终充满这样的能量：不甘愿随波逐流，不甘愿被困在原地，不甘愿依附环境或他人，总是想方设法索取生存空间、活出鲜活的自我、拥有更高质量的生活。

显然，这种能量并不是每个人身上都具备的，我们看到有些成年人包括青年人身上都失去了这种能量。但最初，这种能量每一个人身上都有，它无须培养。例如，孩子蹒跚学步时想要奋力挣脱父母牵绊的双手，渐渐长大后想要探索世界的各种行为，被父母安排生活时的种种叛逆，拥有自己想法后与父母的次次顶撞，都是孩子独立的意识在发芽。但是，如果父母没有意识到这是孩子独立的萌芽，却认为这是“不听话”、叛逆等，就有可能去压制。如果孩子的独立意识不够强烈，就有可能被压制下去，那么长大后就失去了开拓自我、活出自我、拥有自己想要的生活的意识。

而父母显然对这种情况意识不足，他们更注重培养孩子走向独立的各种技能，如在文化学习和各种才艺培训上不遗余力，但对孩子的独立意识却鲜有大力的开发和培养，有时反而会刻意压制，导致很多孩子在童年时就失去了精神独立所具备的心理能量，以至于长大后缺乏独立意识。针对这种情况，父母该如何改善呢？

1.不要用“乖”“听话”这些所谓好孩子的标签压制孩子的独立意识

中国传统观念认为“乖”“听话”才是好孩子，叛逆不是好孩子，所以一旦孩子出现叛逆的言行，如与父母顶嘴、不按父母说的去做、把事情搞砸了等，父母就无法容忍，强迫孩子改正。一部分孩子为了成为父母心目中的“好孩子”，只好收敛起他们的叛逆，但也失去了独立的意识。一部分独立意识比较强烈的孩子不愿收起他们的叛逆，于是和父母之间产生了剧烈的冲突。但这部分孩子还算幸运，虽然言行叛逆，但独立意识没有丢失。

所以，父母对孩子的叛逆行为要有正确的认识，究竟是独立的意识在萌芽，还是真正的叛逆，不要只是用“乖”“听话”这些单一和过于传统的价值评判标准来一刀切地评判孩子。

网上曾经流传过一个小故事，一个家庭里有两个孩子，一个很乖很听话，学习成绩很好；另一个不听话，叛逆，学习成绩不太好。父母以为听话的孩子长大后必然会有很好的前途，但恰恰相反，听话的孩子长大后处处落后，并得了忧郁症。不听话的孩子长大后无所畏惧，大胆开拓，拥有了很好的事业。不听话的孩子并没有学坏，也没有过于叛逆，而是成长为一个非常正常的孩子。

所以，一味听话会使孩子失去独立的意识，也可以说是生命的活力；而叛逆的孩子并非叛逆，只是在展现他们身上的活力。拥有活力的人才会一生永不满足，不断开拓，并不惧失败，变得强大。

2.可以引导，也可以让它顺其自然地生长

每一个孩子天生就具备独立的意识，父母只要不去压制它，它就可以自然生长。父母可以让它顺其自然地生长，也可以为孩子做一些适当的引导。引导他独立思考，鼓励他大胆去做自己想做的事情，指导他去改变自己的不足，简单地说，就是鼓励他敢想、敢说、敢做，把内心对生活的热爱与生命的冲动开发出来。让他从小就对自己想要什么样的生活有一个或朦胧或清晰的认识，他就会有意或无意地为此做准备。让他从小就成为一个有独立想法和梦想并愿意为此付出努力的人，那么长大后就比较容易拥有自己想要的生活，也更容易获得内心的和谐与幸福。

独立才能拥有对生活的主动权，才拥有自由选择生活的能力，对不想要的生活敢于说“不”，对想要的生活敢于追求，并有能力一点一点去实现，使人生延伸出更多的可能性。没有人可以完全随心而活，但独立可以增加这种可能性；没有人可以完全决定自己的生活，但独立可以增加这种可能性。独立，使孩子的人生不设限。

良好的教育是孩子独立的前提

培养孩子的独立，意识是前提，技能是关键。孩子的技能学习最初来自于教育，不能说受过教育的人独立能力就绝对好，但从大概率上来说，一个人接受的教育程度越高、范围越广，他走向社会后的独立能力就越强。教育不仅给了孩子谋生的知识和技能，更给了孩子眼界、见识和熏陶。

林徽因比张幼仪和陆小曼更独立，是因为她接受的教育程度要比她们高很多。5岁时，林徽因由大姑母林泽民授课启蒙。8岁入虹口爱国小学学习，后就读于英国教会办的北京培华女中。1920年4月随父游历欧洲，受到西方建筑学的影响。后接触到新诗，常常参加新月社举办的文艺活动，曾登台全英文演出印度诗人泰戈尔的诗剧《齐德拉》。1924年9月，林徽因进入宾夕法尼亚大学美术学院学习建筑学。从美术学院毕业后，又入耶鲁大学戏剧学院学习舞台美术设计。

从林徽因的受教经历可以看出，她接受的教育既深又广。启蒙、小学、中学、大学，非常系统，纵深发展；从东方教育到西方教育，从文化、科学到艺术，范围非常广。这样扎实的教育给了林徽因三样东西：谋生的技能，精神上的独立，眼光和见识。除此之外，林徽因的父亲重视女儿，爱护女儿，给她传递了正确的人生观和价值观。在如此良好的学校教育和家庭教育中长大的林徽因成年后必定独立。

相对来说，张幼仪和陆小曼接受的教育程度就要逊色很多。

12岁时，张幼仪到“江苏省立第二女子师范学校”就读，但三年后，她就被哥哥接回家去嫁人了。虽然只在这里就读了三年，但该校重视女子教育，是一种新式教育，这使她从小接受到的糟糕的传统家庭教育思想受到了冲击——父亲从小教育她“女人是没有用的”，对她也极为漠视。

而陆小曼曾就读北京女子师范大学附属小学、北京圣心学堂。后父亲为她聘请英国女教师学习英文，后又拜刘海粟学习画画。陆小曼的英文非常好，也有一定的文学修养和艺术修养，她的身份也一度有作家、翻译家、画家。但陆小曼接受的基本是中国的传统教育，且她的家庭教育也是较为不当的。她的父亲从小溺爱她，在物质上过度满足她，使她养成了过度渴望物质、精神上也不独立的性格。

从这两位的受教经历可以看出，她们所受教育的深度和广度远不如林徽因，且她们都有较糟糕的家庭教育。所以，张幼仪成长为一个自卑、依赖男人、被传统思想捆绑、精神上严重不独立的女人。而陆小曼成长为一个虽有才情但甘愿为物质堕落，精神上也不独立的女人。

因学校教育和家庭教育的不同，导致这三位女子在后来的人生选择、独立能力、独立精神及内心强大上有很大的不同，也导致了她们的人生或顺境或逆境。值得注意的是，张幼仪在她的前半生是不独立的，但在后半生开始走向独立，除了跟人在逆境中的求生意识有关，也跟她小时候接受过三年先进的新式女子教育有关。那三年女子教育在她心中种下了独立的种子，只是没有人为它浇水施肥，而人生的困境激发了这颗种子成长的欲望，使她最终成长为一位独立的女性。

由此可以看出，教育对人的一生影响有多大。良好的教育使人走向独立，拥有选择的能力且人生较为顺遂。而受教育较少或糟糕的教育则会让人失去独立的意识和能力，人生也可能较为波折。所以，给孩子力所能及的最好的教育，是父母的责任。

学校教育当然是教育的主体，但人一生的强大只靠学校教育是不够的，要丰富一个人的知识和意识结构，家庭教育、社会教育和自我教育都必不可少。

1.学校教育

学校教育是父母们最重视的，大部分的父母都会尽自己所能为孩子提供最好的学校教育。虽然学历教育并不完全决定孩子独立与否，强大与否，一生成功或顺利与否，但是从概率上来讲，这还是一条大部分孩子拓展命运的最为公平的渠道。所以，良好的学校教育非常重要。但是，父母为孩子提供的学校教育不要过于狭窄，不能仅仅为了考学只限于学习书本知识或文化科技知识，还要学习一些艺术知识和技能，让孩子的知识面宽泛起来。如果可以的话，东西方的教育都接触一下，这样孩子的思想体系不会过于单一，那么成人以后她的人生选择是多样的，不会掉入窠臼困住自己。

2.家庭教育

相比较起来，家庭教育的重视度不如学校教育，有一部分父母还是认为家庭教育就是为孩子提供吃穿，然后教育孩子不要学坏就可以了，这是远远不够的。其实家庭教育也很宽泛，大致包括以下三个方面：

第一，三观。假如林徽因的父亲从小也告诉她“女人是没什么用的”，那么恐怕她也会成长为像张幼仪那样的女子。我的一位朋友曾经对她的女儿说：“你读个本科就行了，研究生、博士就不要读了，否则将来嫁不出去。”这固然符合婚恋市场的一部分现实，但这样的观念却限制了孩子的发展。孩子的人生观、世界观、价值观和爱情观的雏形都来自父母，如果不能为孩子传递正确、符合时代甚至领先于时代的三观，那么必然对孩子的独立性有所影响。

第二，教育方式。漠视孩子教育出自卑的孩子，溺爱孩子教育出不独立的孩子，父母的不当的教育方式对孩子的自信心和独立性有很大的影响。因此，正确的教育方式也是必需的。

第三，家庭氛围。父母是不是还在啃老，是不是还是“妈宝男”或“妈宝女”，是爱学习还是天天玩乐，父母的独立性也会影响孩子。因此，做个独立的父母，让孩子受到良好的独立性熏陶也很重要。

如果父母能在这三方面给孩子正确的教育，那么孩子即使没有受到较好的学校教育，依然可以精神独立。家庭教育的重要性丝毫不亚于学校教育，甚至比学校教育更能决定孩子一生命运的走向。因为学校教育给孩子更多的是知识，而家庭教育给孩子更多的是认知。

3.社会教育

良好的教育并不仅仅限于学校和家庭，还来自社会。林徽因随父亲游历欧洲时，她的房东是一位女建筑师，因此她立下了攻读建筑学的志向。父亲的很多朋友是诗人，因此她对新诗产生了浓厚的兴趣。这便是社会教育。学校和家庭的空间是有限的，但社会空间却是无限的，在社会上，孩子能接受到非常多的社会教育。因此，父母要带孩子走出去，可以把孩子带到自己的社交圈，也可以带孩子到自己圈子以外的社会环境中，旅行的途中，运动的场所，看电影的地方等，都可以让孩子接受社会教育。但要注意，社会环境良莠不齐，父母要替孩子做好甄别，要让孩子接受好的社会教育。

4.自我教育

孩子在接受了教育以后，自己要有所思考，要去消化，要把它变成有利于自己生命生长的养分，这就是自我教育。没有自己独立的思考，所有的教育都是填鸭式的，而独立的能力首先来自于独立的思考能力。人与人的最大区别不在于所受的学校教育、家庭教育和社会教育的不同，而在于自我教育的能力不同，自我教育能力强可以弥补学校教育、家庭教育等方面的不足。学校教育、家庭教育到了一定的人生节点就停止了，而自我教育却可以延续一辈子。孩子若从小养成好的自我教育习惯，拥有好的领悟能力，那么一生都会处于学习和成长阶段，独立意识和能力自然也会一直增强。

良好的教育是孩子独立的前提，这一点父母都能意识到，但对它理解的深度和广度却不够。老师、父母、亲人、朋友，甚至社会上的陌生人都可以为孩子带来良好的教育，我们要为孩子提供接触这样的环境和人的机会，让孩子从各个方面、各个渠道去接受教育，学习独立，从而变得强大。

技能越多，对抗命运的能力越强

一个人独立的资本来自两方面，一是独立的意识，二是独立的能力。如果只有前者没有后者，人仍然无法独立。如有些孩子嘴里嚷着“我自己来，自己来”，可离开了父母的帮助，自己却没有能力做到，这仍然不能称之为独立。所以，独立的意识和独立的能力是相辅相成的，有了独立的想法人就会有意识、有目的地去学习独立的技能，而拥有了技能也有助于独立意识的提高。

独立的意识可能更多来自父母或环境的熏陶，而独立的技能却必须自己去学习、去实践。关于技能，中国有句古话叫作“技多不压身”，意思是说，一个人具备的技能越多，生存的能力就越强，生存也就越有保障。的确是这样的，社会处于变化中，又充满各种竞争，只会一种技能似乎不足以应对，而社会也越来越欢迎“复合型人才”。所以，拥有多种技能，更能适应社会的发展。这一点也得到了很多父母的认同。

现在中国的许多孩子除了接受学校的教育外，业余时间也利用得很充足。虽然学校有文化课，但他们课余时间还在上数学班、英语班、作文班等，以求精益求精。除此之外，钢琴、美术、武术、跆拳道他们也样样都会，有些孩子甚至还学习了厨艺，小小年纪就拥有了“十八般武艺”。

不过有些人对此表示异议，他们认为孩子尚在童年就学这么多，压力太大，童年的快乐也被剥夺了许多。我想这一点，大部分父母也都知道，他们并非不心疼孩子，但是他们还是宁愿让孩子辛苦一些，也要多学一些。我想这是因为大部分父母都体会到了生存的艰辛，都体会到了只有拥有更多的技能，才能更好地生存。年少不辛苦，成年后更辛苦。

一个人的技能是他对抗命运的武器，也是他活着的底气。没有技能或技能单一，或技能不过硬，就只能被挑选甚至被淘汰。反之，就有了和命运讨价还价的权利。

亲戚家有个小孩4岁开始学钢琴，少年时弹琴的造诣已经很高。除了钢琴，他还自学了吉他、作曲、作词等技能。他的英语也很好，从小就看原版的外国电影，高中时就会创作英文歌曲。高考时，他的爸爸妈妈想让他考普通的大学，认为这样将来谋生的路子更广。但他坚持考艺术院校，认为走这条路他依然能生存得很好。最终，他的父母听从了他的意见。果然，他在考取大学不久后就开始赚钱，他做家教，教小孩子弹钢琴，一小时收入就不少。他还组建了乐队，有时晚上到街头唱歌，有时去给商场的庆典活动演出。对于未来，他一点都不害怕，他说："我钢琴弹得这么好，又有音乐才华，英语又好，怎么都能生存下去。"

我一点都不认为这是大话，我亲眼见识过他流畅的钢琴和英语。如果不是因为他有过硬的技能，相信他的父母也不会任他"一意孤行"，他已经拥有未来和命运对抗的资本。

要说他的技能也不算多，只集中在两个领域，音乐和英语。但我对"技多不压身"这个"多"字的理解并不完全是你会的技能很多，而是你在某一方面的造诣足够深，即"量"的多。就像我这位亲戚家的小孩，他的钢琴弹得好到让老师听得入迷，不舍得让他停止。因此，如果孩子某一方面的技能足够厉害，哪怕是"一招鲜"，也可以让他变得很强大。也就是说，技能如果能够发展为特长，就能够让孩子变得强大。

但特长不会轻松拥有，需要日积月累的学习，而且，最好是从童年时就开始学习，那么在走向社会的时候，就可以立刻发挥作用，帮助自己很快独立。

如何培养孩子拥有更多的技能呢？我总结了以下几点：

1.多尝试，在广度上拓展

假如孩子不排斥，让他多尝试几样技能，多才多艺更受这个社会欢迎。就算他以后不以此谋生，也能锻炼他各方面的能力，如弹钢琴就能够通过左右手的协调来锻炼人的左右脑。通过多尝试也可以让孩子体验到生命的广度，认识到各个领域都有值得他汲取的营养，这些都会成为他的素养，增加他的综合能力。如果孩子能在几方面都精通自然最好，如果不能，也需要通过多尝试来发现自己在哪一方面更有兴趣，更擅长，然后再在某方面深度挖掘。

2.多钻研，在深度上挖掘

博学多才固然好，但既博又精却不容易，如果贪图学得样数多，但每样技能都不突出，将来也会缺乏竞争力。况且孩子的精力有限，也不能使孩子太过疲累或产生厌烦情绪。所以，如果通过尝试之后发现孩子在某一方面更擅长，不如就在这方面下功夫，好好挖掘一下他的潜质，把这方面的技能发展为他的特长。简单地说，能博则博，不能博则精，至少拥有一样比较擅长的技能。

3.给孩子树立一个好的榜样

拥有某一方面比较过硬的技能，是需要付出很多的，有时孩子忍受不了辛苦，有时父母不愿孩子太辛苦。但拥有一样擅长的技能，对孩子的一生总是利大于弊，所以还是要鼓励孩子去学。

如何让孩子更愿意去学呢？说服不如榜样的力量。这个榜样可以是父母，也可以是亲朋好友。如果父母还在不停地努力、用技能武装自己，那么对孩子就是最好的无声教育。如果亲朋好友里有某方面技能比较突出的孩子，可以让孩子去接触，受到感染和鼓舞。但要注意，不要拿自己的孩子和别人家的孩子比较。

学习一样技能不是一两天的事，也许孩子在这个过程中有犹疑，有偷懒，甚至想过要放弃，都没有关系。父母不要过于苛责，要有耐心，陪孩子一起成长。学习技能的这个过程也是锻炼孩子心智的过程，在这个过程中，孩子的意志力、抗挫力和抗压性、自我效能感、专注力、自律能力等都能得到锻炼。所以，孩子的技能能不能很快得到提升并不是最重要的，最重要的是孩子的内心是不是因此变得更强大了。若有所增进，便是最大的收获。

适度“放养”，让孩子学会自己“觅食”

人类社会和大自然一样，都是适者生存，强者生存，独立者生存。而在别人的羽翼下，人永远无法独立。或许会安逸一些、轻松一些，但精神上的自由却体会不到。而失去了保护的人虽然要终日奔走在冒险和竞争中，却可以体会到精神上的自由、活力及强大感。所以，让孩子脱离父母的羽翼，脱离父母的圈养，才能成长为一个精神独立、生存能力强大的人。

有一次我和朋友聊天，朋友说，他就是动物园里的动物，而我是大自然中的动物。他解释道，他从小的道路都被父母安排好了，工作也是父母帮忙找的，二十年都在一个单位里工作，除了本职工作其他的什么都不会。如果现在下岗了，到社会上参与竞争，多半会被淘汰。而我的专业和职业都是自己选择的，走向社会以后，每份工作都是自己找的。感觉自己能力达不到社会要求了，就去学习。这期间，换了专业，换了职业，虽然路有点曲折，但越活越有劲儿，越有底气。像我这种人，生存能力很强，就算生存环境再恶劣也能活下去。所以他是动物园里的动物，饲养员不喂他，他就会饿死。而我是大自然中的动物，早就学会了自己找食物的本领。

朋友的这番话还真的挺形象的，动物园里的动物不需要学习谋生的本领，因为即使它们什么都不会，也有饲养员给它们食物吃。而大自然中的动物必须练就过硬的谋生技能，如果没有，就有可能饿死，或者被其他动物吃掉。很明显，若论强大，当然是大自然中的动物。

不过有些父母喜欢将自己的孩子培养成动物园里动物，他们认为：我有能力，我不想让孩子活得太辛苦，我给他创造一个“动物园”，让他舒舒服服地待在里面，一辈子衣食无忧。这样做的后果是什么呢?

1.孩子无法活出自我

所谓“动物园”，不仅是指长大后安逸的工作环境，也指成长过程中安逸的生活环境，比如包办型溺爱。在这种环境中成长的孩子无须学习谋生技能，无须发展潜能，无须向外拓展生存空间，当然他们也没有机会，所以无法按照自己的意志而活。他们甚至活得非常憋屈，因为他们的生存依赖“饲养员”——父母或者动物园的管理者，所以很多时候他们不得不委屈自己讨好他们，以求得食物。这样的孩子不大可能活出自我，他们可能看起来憨态可掬，实际上没有什么活力。

2.当“动物园”消失的时候，孩子会陷入极度恐慌

前不久网络上有一则新闻，某处的公路收费站被取消了，收费员到领导那里大闹：“从毕业到现在将近二十年我都在收费站工作，我只会收费，现在你把收费站取消了，我怎么活？”其实，“动物园”没错，“动物园”的管理者也没错，错的是你以为“动物园”永远不会消失，错的是在这期间你没有发展出新的生存技能。社会永远处于变化中，安逸的环境不会永远存在，当“动物园”消失的那一天，在安逸中成长的孩子该如何面对?

所以，把孩子当成动物圈起来饲养的父母有没有想过这些：“圈

养”使孩子失去了生存的能力，变得越来越弱小，最终在精神上和能力上都无法独立、无法适应社会。所以，放下安排孩子生活和控制孩子命运的欲望，适度地去“放养”孩子，你会发现，“放养”可以使孩子更独立，更强大，过得更好。

我有一个同学堪称是“放养”的典范。只要不是有关大是大非的问题，或不是太离谱，他们夫妻俩对孩子的言行基本不干涉，也从不替孩子做什么。在他们家里，没有那么多规则，没有那么多这不行那不行。结果孩子胆子非常大，很小的时候就敢自己去买东西。有一次，同学买了一个杯子，用了两天后发现裂了一条缝，同学认为已经用了两天了，人家肯定不会退，想想算了。但是刚满10岁的女儿丝毫没有犹豫，一个人拿着杯子去找店家，理直气壮地和店家讨价还价，最后店家竟然退了全款。这让妈妈目瞪口呆。女儿高考想考美术专业，同学想让她到北京的美术学校学习一年，但他们夫妻俩都有工作无法陪同女儿前去，女儿又从来没有独自出过远门，妈妈有点担心，想放弃。谁知女儿拍着胸脯说：“妈妈你放心，我会照顾好自己。”果然，她在北京把自己的学习和生活安排得很好，还能照顾一同前去的小姐妹。这让妈妈和朋友们非常吃惊。

“放养”让同学的女儿形成了勇敢、独立、自己解决问题的性格和能力，这样的孩子若走向社会，适应社会的能力、生存的能力都很强。他们遇到问题不会过多地依赖父母，而是倾向于自己解决。他们也会很享受自己解决问题这个过程，因为他们从中体验到了价值感、成就感和自信心，这让他们感到快乐。他们的生命有张力，遇事不会畏畏缩缩，敢于向外索取生存空间。无论是内心还是技能，他们都更强大。他们不但是大自然中的动物，他们甚至是草原上的狼。

这样的孩子对未来没有太多恐惧，哪怕他们一时还没有掌握那么多生存技能，他们的生命内核也是自信的。我们如何帮助自己孩子成为这样的孩子呢?

1.不用规则和限制、安排和控制“圈养”孩子

每个人多多少少都有控制别人的欲望，而父母控制孩子最方便了，有完美的借口——我经历过，我知道什么是对的，什么是错的，怎么样才能活得更好，所以你要按照我说的做。也有顺理成章的手段——规则、限制、安排等，这些手段也有完美的说辞——“没有规矩不成方圆。”“不限制你，你还不无法无天了？”“我不帮你做，你能做好吗？我不帮你安排，你这辈子能过好吗？”孩子在父母这种理念和手段的控制下会产生两种结果：一是被洗脑，变成特别“听话”的孩子，在战战兢兢中长大，失去创造力和独立的能力。二是反抗父母的控制，变得特别“不听话”，在磕磕绊绊中尝试独立，可能成功，也可能失败，但会被父母戴上“叛逆”的帽子。

生活中没有动物园，父母却用规则和限制、安排和控制为孩子的内心建造了一个“动物园”，让孩子沦为动物园里的动物，最终失去独立的能力。规则、限制和安排不是一点不需要，当孩子的言行严重偏离正常的轨道时，父母当然要纠正。但大部分时间，父母不需要总是去干涉孩子的言行。养孩子就像养植物一样，父母只需要按时给它浇水施肥，而不需要总是去修剪它，也不需要给它围一个框，说你只能在这个范围里长，那样植物反而长不好。

在自由中成长的孩子可以向天空肆意伸展他的枝丫，他成长的空间是无限的，他的精神才更有可能走向独立。

2.引导孩子做一个对社会环境保持警觉的人

不限制孩子之后，就要引导孩子走向独立，第一步就是引导孩子做一个对社会环境保持警觉的人。自然中的动物要想很好地生存，首先需

要了解自己所处的环境：哪里有危险，我需要避开，如果避不开，我怎么应对；天气有什么变化，我应该躲在洞里，还是出去寻找食物；哪里能寻找到食物，我应该去学习什么技能。生活在社会环境中的孩子也应该了解自己所处的社会环境，虽然孩子还没有面对真正的社会竞争，但可以适当地培养一下他这方面的意识。比如，社会发展到什么程度了，需要什么样的人才，什么样的人会被淘汰，未来的社会是什么样的，我应该做哪些准备。我的同龄人都在做什么，他们身上有哪些需要我学习的。时不时关注这些，随时调整自己的步伐，避免有一天需要出去觅食了，自己却毫无准备。

3.让孩子主动去学习觅食的技能

第一步是心理准备，那么第二步便是行动上的准备，让孩子主动去学习觅食的技能。这方面我们已经讲过很多。对于孩子这个阶段来说，最好的觅食技能就是好好学习，在这个基础之上，再学习一些其他的技能。当父母放手之后，孩子会渐渐有独立的欲望，独立也是人的本能。孩子的创造力和生命的活力也会随之打开，他就会愿意主动去学习一些东西。当孩子形成这样的意识和习惯之后，成人之后的独立就变得顺理成章了。

一个不独立的人是无法做到强大的，因为父母的羽翼不会永远遮蔽他，社会不会永远“善待”他，漫长的人生充满变数，这些都需要独立、强大才能与之抗衡。而想要独立就不可能待在原地，更不可能待在安逸的环境中，而是要不断随环境变化，随社会的需求武装自己的内心和技能，最终不惧变化，不惧竞争，不惧时光，变得真正地强大。

7 自我成长能力：获得不断强大的能量

如果孩子的成长只能在父母的培养或监督之下，他就无法走向真正的强大。因为人生漫长，父母不可能时刻陪伴和督促他，一个人的成长最终靠的是自己。自己是否具有不断督促自己、反省自己的意识和能力，将最终决定自己是否能够获得不断强大的能量。

真正强大的孩子能够自我培养

近几年，“原生家庭”这个心理学名词逐渐走进了大众的视野，这使得很多人终于为自身的问题找到了一个完美的借口：“我之所以有这样或那样的问题，都是因为我有那样的原生家庭，有那样的父母。”这样想固然轻松了，但也为自身的成长设置了一个牢笼——我无法改变我的原生家庭，所以我也不可能改变我身上的问题。

真的是这样吗？如果按照这样的逻辑推演，就可以得出——我的原生家庭很穷，所以我一辈子就只能受穷，但事实显然不是这样的。有不少人通过自身的努力改变了自己的命运，使自己成为一个物质上丰富强大的人。所以心理上的成长也是这样的，无论原生家庭如何，一个人是可以通过自我成长、自我培养变得强大的。而且也必须具备这种能力，才有可能真的强大。首先，因为父母对孩子的培养是有限的，能够贴身陪伴的也就那么几年，但一生漫长，遇到的问题却那么多，更多的问题需要孩子独自去面对。其次，父母自身可能也有这样或那样的问题，并不是每一位父母都具备引领孩子走向强大的能力。所以，孩子的强大除了父母的培养之外，还需要他具备自我培养的能力，比如自我督促、善于反省、不断学习等自我成长的意识和能力，这样才会让他一辈子行走在不断强大的节奏里。

我的成长经历就是这样。我的父母不懂什么是内心强大，也没有任何的心理学知识，并没有给我多少这方面的培养。我的内心强大基本上都是靠自我培养，遇到了问题就去寻找原因，想要变得强大就督促自己去学习，这使我养成了很好的自我督促、善于反思和主动学习的好习惯。我从不轻易放过任何一个令我迷惑的问题，喜欢去寻找答案并去实践，在这个过程中我渐渐变得强大起来。我的原生家庭也有不少问题，我的父母也都有脆弱的一面，我无法改变这些，但我不能因此就心安理得地认为自己脆弱是合情合理的。因为我可以改变我自己，通过自我成长让自己渐渐远离脆弱。

一个真正强大的人就是不“甩锅”，不把自己的问题全部归结于父母或客观原因，而是从自身寻找原因并努力去改变。这样的人即便现在多么无能和脆弱，也终会一点点变得强大。这样去想的话，无论一个人的原生家庭是怎样的，他的人生都是有解的。

我的一个朋友，他的孩子在成长的过程中出现了一些问题，他总是这样说：“不是孩子的错，都是因为我没有给孩子一个好的生活环境，没有培养好他。”因为有了这样的思维，孩子出了任何问题他都想要纵容他，以至于孩子的问题愈演愈烈。父母当然会有一些问题，但孩子就完全不需要为自己的问题负责吗？有一个演员，他的父亲从小抛下他离家出走，他的母亲也很早过世了，但是他的成长轨迹完全没有跑偏，而是成长为一位特别善良、温和、阳光的人。

一个孩子拥有自我培养和自我成长的能力比父母的教育和培养更重要。父母不需要把孩子的所有问题都归结到自己身上，孩子也不能把自己的所有问题都“甩锅”给父母，父母和孩子虽然是世界上最亲密的关系，但并不是说没有界限，每个人都应该为自己的人生负责。这样的态度才是一个真正强大的人所需要具备的。

父母该如何把这样的态度传递给孩子呢？

1.不陪孩子做需要他独立做的事情

一些父母有陪伴孩子做作业的习惯，理由是：“我陪着他他还不好好做呢，如果不陪他不知道做到什么时候呢。”但其实，孩子做作业慢的原因就是因为有父母陪着他。因为有了他律，所以孩子失去了自律的能力。他习惯了依赖父母的监督、催促和帮助，而失去了自我监督、自我督促、独自学习的习惯和能力。因此，父母越陪，孩子做作业越慢。甚至不在父母的陪伴下，他都无法独自完成作业了。这就好比一遇到不会的题目，父母就帮助孩子解答，使孩子失去了独立思考、独立解答难题的能力。在这个过程中，孩子失去了自我成长的能力。

这就是父母失去了界限感，做作业是孩子的事情，他必须独自为这件事负责，他也应该具备独自完成的能力。父母因为爱孩子过度参与他的事情，这并非是陪伴，而是一种剥夺，剥夺了孩子独自开拓自己心理疆域的能力。

如果孩子依赖了父母的陪伴、协助，那么以后即便遇到了自己能独自完成的事情，也会习惯性地寻求帮助，以降低事情的难度。在这个过程中，他的能力会渐渐退化。所以，父母不需要陪伴孩子做他“分内”的事，让他在独自完成的过程中开发出自我成长的心理能力和实际技能。

2.孩子出现问题，父母不乱负责

心理学上经常强调，孩子是父母的镜子，孩子的许多问题都是父母问题的折射。这句话没错，但这并不代表，孩子的所有问题都需要父母负责。比如孩子学习不好，就能怪责是因为自己的家境不好吗？孩子学坏了，就能怪责是因为父母离婚了吗？这其中并没有直接的关系。如果孩子出现问题，父母乱揽责任，那么孩子就不需要为他的人生负责。一出现问题，他就习惯性地认为是父母造成的、是别人造成的、是客观原因造成的，唯独不反省是自己造成的，那么他还哪里有自我成长的能力？

父母和原生家庭确实会对孩子的人生产生很大的影响，但孩子也应该有摆脱这种影响的意识和能力，这种能力可能需要经过很长时间的学习才会拥有，但这种意识可以在童年时就树立起来。父母的经济能力有限，无法给孩子报很多才艺班，但孩子可以通过网络、电视等渠道模仿学习，而不是认为自己没有才华都是因为父母没有给自己报才艺班。孩子从小如果具备了“为自己的人生负责、努力”的意识，那么不管原生家庭如何，他的人生都是有无限可能性的。

孩子的一生是一场孤独的马拉松，在起跑阶段，父母可以为孩子加油鼓励，提供所有能够提供的支持，却没办法陪伴孩子跑完全程。更漫长的赛程需要孩子独自面对，他需要自己为自己加油，独自熬过身体和心理的极限，学会调整跑步的技术，调动身心所有的能量等，如此，才能很好地跑完全程。所以，强大的人都是孤独的长跑者，都是拥有了自我成长和自我培养的意识和能力的人。父母虽然无法全程陪伴孩子，但可以在人生的起点就把这种意识植入孩子的内心。

所谓命运，“命”就是原生家庭，“运”就是通过自我成长把握自己命运的能力，有一个好命固然重要，但有一个好运更重要。因为命无法改变，但运却可以通过自己的“运作”去改变。具备自己运作自己命运的能力，才是过好这一生的关键。

慢养，内心强大的孩子不是一天“炼”成的

人的内心的成长是个缓慢的过程，这其中最主要的原因是从知道到

做到需要很久。无数次的尝试、失败、反思，可还是会重复错误，之后可能才进步一点点。有时候，父母认为孩子应该成长了，却发现他还在原地；有时候父母没有留意，孩子却在悄然发生着变化。内心的成长也犹如树木的成长一样，有足够的酝酿，才能在春天发芽开花。所以，父母对待孩子的成长，要有内心。培养内心强大的孩子，不必着急。

我是什么时候感觉到自己的内心变强大的？也就是近几年。人近中年才感觉到自己渐渐强大起来，可见，内心强大不是件容易的事，也不是一两天的事。在经历了一些顺境、逆境之后，人才会有意识地去训练自己的内心，让它逐渐变得强大起来。可见，一个孩童真正成长为一个内心强大的人，需要一个漫长的过程。

童年的我，内向、害羞、胆小、敏感，承受不了别人的负面评价；成长过程中的我，情绪化、坚硬、脆弱、不肯接纳自己、缺乏独立精神；而现在的我，终于变得开朗、大方、不再敏感、不再关注别人对自己的评价，内心平和，情绪稳定，独立，爱现在的自己。不敢说做到百分之百的内心强大，但可以说，在内心强大这件事上面，我及格了。

这说明，内心强大这件事需要人用半生甚至一生的时间去修炼。成长，需要经历。

这也说明，对于孩子来说，不管父母的方法多么正确，即使多管齐下，孩子也不可能在短时间内变得强大。一个人在孩童时期本身就是弱小的。

有的父母可能因此会认为，那我们现在培养有什么意义，何不让他顺其自然，自己变强大？非常有意义。首先，假如我的父母也懂得在童年时就培养我的内心，我不会经历这么多曲折，到今天才变得强大。其次，不是每个人都像我一样有这么强的自省能力，有自我修炼的意识和行动，并主动去学习心理学。也就是说，不是每个人都可以不用父母培养、顺其自然地成长为内心强大的人，有的人终其一生都在脆弱带来的痛苦中度过。

所以，在孩童时期就有意识地培养孩子强大的内心特别重要，即便他这时无法做到真正的强大，但为他的内心埋下强大的种子，之后它才能慢慢地发芽、生长，一点一点地强大。

也有些父母意识到了这一点，但他们好像又走到了另一个极端，就是太着急了，恨不得我今天教了你，明天你就变得强大了。

我有一个同学常常恨铁不成钢地对孩子说："昨天刚跟你说过要勇敢，要勇敢，为什么总是做不到呢？"他的女儿很聪明，但特别害怕在众人面前发言。小时候，父母让她给亲戚拜个年，好说歹说，她都不张嘴。上了学以后，她学习成绩很好，但就是不敢在课堂上发言。如果老师点了她的名字，她的声音也小得如蚊子，即便知道答案也是这样。为了锻炼她在众人面前说话的胆量，父母决定给她报一个口才演讲班，她一听吓坏了，死活不肯去。为此父母没少数落她，弄得大人孩子都非常焦虑。

其实我特别理解这个孩子的心情，因为我小时候也这样，只是没她这么严重。那我是怎么变好的呢？好像也没有刻意去改变，到了中学以后就自然好了。所以我认为，孩子在个别方面不强大，父母无须太着急，孩子有自我纠正的本能。难道孩子不知道她不能自如地在众人面前发言是一件不够好的事情吗？难道她不想去改变？其实孩子都有向好处发展的本能。如果她还未做到，只是因为她现在的能力还做不到。她正在慢慢地积蓄能量，而父母所要做的就是——耐心等待。

中国有句古话叫作"欲速则不达"，养孩子也是这样，培养一个内心强大的孩子更是这样。真正的内心强大需要具备多种能力，认知的形成，心理能量的储备，欲望的安排，行动上的改变等，需要处理好很多细节，不是孩子这个年龄能够立刻具备的。所以，培养内心强大的孩子需要“慢养”——先让心情静下来，再让节奏慢下来。越是难的事情，越是要打好基础。童年，不是要让孩子必须强大，而是让他具备强大的基础。

一直以来，中国的父母普遍比较焦虑、着急，唯恐孩子输在起跑线上，培养起孩子来也容易揠苗助长，在这种心态下，难以把内心强大的真正内涵传递给孩子。孩子也压力过大，疲于应付父母和社会的要求，难以细细地去体会内心，认识自我，而这些都不利于内心强大的形成。所以，“慢养”是让父母不再焦虑，孩子不再有压力。那么，到底该如何慢下来呢?

1.放下过于功利的价值观

在培养孩子时，父母为什么会过于焦虑、急躁?是因为内心形成了过于功利的价值观，总想让孩子出人头地、优秀、成功、成名等并急于求成，这些固然不能说就是错的，但这不是孩子唯一的价值，也不是孩子这个年龄就应该承担的压力，把孩子过早地推入竞争社会，对孩子也是种残酷。而且，功利的价值观即外在评价系统正是孩子内心脆弱的根源。

父母应该先冷静地想一想，是不是应该改变一下这种认知，不应该过于随波逐流，被单一的价值观裹挟，而是应该有多元的价值观，孩子可以成功为目标，也可以快乐为目标，更可以“快乐+成功”为人生目标，让孩子在成长的过程中自己作出选择，而不是成为父母实践自己价值观的工具。如果父母有这样的心态，内心就不会那么焦躁，培养孩子的步伐就会相对慢下来。

2.父母应该先强大起来

父母焦虑的原因之二是自己不够强大，所以把强大这个压力转移到了孩子身上。我有一个朋友的父母从小到大都在他耳边说："我们这辈子就这样了，以后就靠你了，你要早点让我们过上好日子。"在这种心情下，父母和他都焦躁不安，只要他有一点做得不好，父母就很不满意。其实父母们都非常明白，要变得强大是不容易的，但要求别人却非常容易。所以，狡黠的大人们选择了自己偷懒，让孩子勤奋。越是不强大的父母，要求孩子的心情越是急迫。

父母不要把所有的希望同时也是压力都放在孩子身上，自己也应该行动起来，在自己能力所及的情况下让自己也强大起来。自己强大一点，内心的焦虑就会少一点，对孩子的心态就会平和一些，孩子的心态也会因此平和一些，彼此慢慢走向各自的强大。

3.生活本身比孩子是否强大更重要

强大是为了什么？是为了更好地生活。如果把过多的注意力放在孩子是否勇敢、坚强、自律、独立、聪明、优秀等一些强大的指标上，并诸多要求和苛责，就忽略了生活本身。其实，孩子能够快乐地过好每一天，就是最好的强大，强大首先从一种平和的心境开始。这就需要父母不要太急躁，慢慢来。如果说慢生活是一种幸福，那么慢养孩子也是一种幸福。看着孩子一天天强大，这种强大有自己的参与和赋予，就会感受到一种幸福。在这种幸福中，父母和孩子都能以一种享受的心情慢慢强大，而这才是真正的强大。

在这个快节奏的时代，能够慢下来的人是强大的，因为他较之别人更为冷静，有自己的思考，有耐心，能够忍耐、等待，在等待中积蓄力量。这种慢，父母需要，孩子也需要。

强大的孩子不是一天"炼"成的，请父母陪孩子慢慢修炼。

强大与懦弱的根本区别在于执行力

有个作家说过这么一句话：“人与人之间的最大区别不是智商、不是情商、不是出身，而是执行力。”没错，没有行动，一个人的人生不会有根本的改变。所以韩寒说，“听过许多道理，依然过不好这一生”。心理学家也说，学习了心理学，不代表你的人生问题从此就解决了。而我想说，知道了如何成为内心强大的人，但若不将这些理念付诸行动，依然无法成为内心强大的人。

我有个朋友，日子过得有点糟糕，经济拮据，心理不够健康、强大，亲子关系问题频出，关于这些问题她咨询过我无数次。每次跟我沟通后都非常高兴：“听你说完我感觉轻松多了，每次跟你聊后我都有种豁然开朗的感觉。”然而不久后，她还是会带着巨大的困惑来找我。我说，告诉你的那些方法你都没有很好地去执行。给你提供了一些兼职机会，你说会去试试，但半年后还不见任何行动。心理上的一些问题，你说明白了，但遇事还是会妥协、退让，丝毫不懂得争取。和孩子之间的问题，严重时你来找我了，不严重时你好了伤疤忘了疼，得过且过。你说这些问题已经累积太久，处理起来太累，能过得去就睁只眼闭只眼好了。所以几年过去了，你的所有问题几乎都没有得到任何解决。如果是这样，你再咨询我一百次，都没有用。

是的，不去付出行动作出改变，再厉害的心理学家都没有用。那些理论再一针见血、一语中的，都不会直接对生活产生作用，都需要人的行动作为中介。能改变自己人生的、能使自己变得强大的永远都只能是自己。

我身边也有执行力比较强的人。前文提到过的那个自律达人朋友，常常是说干就干，比如说健身就健身，说学英语就学英语，说写作就写作，而且一年后我都见到了卓有成效的结果。她的内心也并非是绝对强大的，也有纠结，也有疲累，也有撂挑子不想干的时候。但她的厉害之处在于，抱怨完了还会接着干，不会一直停留在抱怨的状态中。所以她想做的事情都有较好的结果，这种好的结果增加了她的自信心和成就感，冲淡了她内心的那些纠结和抱怨。也就是说，执行力不但实现了她的那些现实目标，也让她的内心变得强大了。

人并非机器人，并非设定了程序就能很好地运转，内心有波动也很正常，但如果能克服心理波动去行动，就已经是内心很强大的人。但为什么有些人能克服，有些人克服不了？跟性格有一部分关系。有一类人天生想法不太多，行动力超强。还有一个原因，你对不如意的状态的忍受能力如何，忍受力强的人改变能力就弱，也就是说，有些人有自虐的心理倾向，他一方面很讨厌某种状态，另一方面又愿意忍受甚至潜意识里很享受这种状态。而对不如意的状态一天都忍不了的人，会迅速付出行动去改变。

孩子虽然年纪小，但也有这种心理倾向。

有一位妈妈曾经问我，孩子学习不好，她很焦虑。我问孩子是否焦虑。她说孩子也很焦虑，也知道学习不好将来会有很大的麻烦，也想把学习这件事做好，但就是没有很好的行动。孩子也很痛苦，但还是忍不住看电视，玩游戏。

这让我想到我自己，有时工作会拖延，明明时间不多了，还不去做。可一旦发现事情真的迫在眉睫，再不做就完蛋了，我就会立刻行动起来，幸运的是总能在最后关头把工作做好。为什么非得这样呢？我分析过有两个原因。一是事情还没到“崩盘”的时候，危机还没有真正到来，所以不着急。二是我潜意识里认为，我有能力解救濒临崩盘的危机，所以总把事情拖到不得不做的时刻。一方面是无法抵挡内心的一些诱惑，总想去偷懒娱乐，另一方面是解救危机让我产生一种成就感。

而这个不愿付出行动努力学习的小孩，虽然并不是要解救濒临崩盘的危机，但是对他来说，事情还没有到崩盘的时刻，学习不好这件事带来的现实危机还没有来到他的面前，虽然学习不好他也会焦虑，但焦虑尚在他能够承受的范围之内。如果有一天，现实危机来到他面前，令他无法承受了，比如找不到工作，吃饭都成问题，他一定会行动起来。所以我认为，执行力差的真正原因是人能够忍受不行动时的现状。但即使能够忍受，这个过程也是不快乐的。人如果长时间地待在这种状态中，心理健康会越来越差，甚至崩溃。

所以，我们帮助孩子提高他的执行力的目的，是为了让他生活得更健康，更幸福。

1.让孩子看到如果他一直不行动的最可怕后果

不行动的原因之一，还能够忍受目前的状态，缺乏行动的刺激。

我有一个朋友欠了一些信用卡账单，数目不算很多，他有一定的心理压力，但是一直没有很努力地赚钱去还款。直到有一天他认识了一个比他欠钱更多的人，那个人被债主追得不敢回家，全家人都埋怨他，每天惶惶不可终日，甚至连自杀的念头都有了。我这个朋友突然如梦初醒，说我不能像他那样，到了不可挽回的时候才行动。于是他立刻开始找兼职努力赚钱，也不再乱买东西，不出一年，他就还完了所有信用卡账单。而在这之前，还信用卡账单的念头和计划在他头脑中已经好几年了。促使他付出行动的，无非是看到了一直不还款的最可怕后果。

如果父母也能让孩子看到他一直不行动的最可怕后果，就会刺激他。比如，孩子不好好学习，父母可以带孩子到招聘市场转一转，也可以让孩子到社会上体验一下赚钱的艰辛、生存的压力，让他知道，如果一个人没有文化知识、没有学历，将无法在社会上很好地生存。你现在觉得学习有压力，但不学习将来压力更大。在学习的过程中，我们不提倡给孩子过大的压力，但这时孩子已经不学习了，父母就需要给他一些压力。又如，孩子肥胖，但又不愿意减肥，父母可以给他找一个活生生的例子，一个过度肥胖的人是如何身患重病的，这就有可能会刺激他。

一个人不行动是没到那个刺激的点，那父母就让孩子提前感受到这个点。

2.避免过程过于乏味

不行动的原因之二，要做的那件事过于乏味，缺乏行动的精神动力。比如学习，长时期的学习再加上应试教育，确实会让孩子感觉到乏味而缺乏行动的动力。如果父母能够帮助孩子让这个过程有趣一些，孩子的行动力就会大一些。如学语文，父母可以结合书本上的文章给孩子找一些相关的更加有趣的文学作品，或者了解一些文章作者的逸闻趣事；学数学，父母可以和孩子一起做一些数学游戏，带孩子到科技馆参观等；学英语，父母可以让孩子看一些英文的动画片、电影等。让孩子爱上这门学科，为乐趣而学，而不是为任务而学，那么他就比较容易付出行动去学习。

3.降低难度

不行动的原因之三，要做的那件事过于困难，缺乏行动的勇气。我有一个朋友的孩子上五年级，学习跟不上，老师讲的完全听不懂，索性破罐子破摔不学了。我的朋友就帮孩子请了家教，从四年级的课程开始补起，因为难度降低了，孩子听得懂了，于是愿意学了。基础打好后，孩子发现五年级的课程也不是很难，于是开始认真学习了。所以，降低要做的那件事的难度，就容易付出行动，具体如何降低，要结合具体的事情来考虑。

4.不要管做得好不好，只要开始去做就好

不行动的原因之四，担心自己做不好，承受不了行动之后的结果。这是拖延症的重要心态之一，即对自己要求过于完美，只有对某件事非常有把握才会行动。害怕万一做不好，自己会对自己失望，因此心理准备期过长。这也是内心不强大的表现。这会使自己陷入一个很尴尬的境地，即不开始做，不去练习，就永远做不好。而做不好，就永远不开始，于是无限拖延。

解决这一点要改变认知，即没有任何一个人在刚开始做一件事情时就能做好的，一开始做得好不好不重要，重要的是经过练习后能做好。因为做得不够好而不开始是一种逃避，逃避的并不是这件事情，而是自己无法面对失败的脆弱心态。因此，要改变这种认知和心态，降低对自己的期待值，敢于接受自己的不完美，不再把做得不够好当成一种失败，它只是达到结果必须要经历的过程。过于在乎结果的人是脆弱的，而不管结果如何，都敢付出行动的人才是强大的。因此，开始行动，你就是成功者。

如果孩子在想要做某件事时有这样的心态，父母可以尝试着这样去鼓励他：去跳舞吧，不管跳得好不好，开始跳了就好；去演讲吧，不管讲得好不好，敢于上台就好。内心强大的人从来都不是看到成功了才行动，而是行动了才有可能成功。这句话并不是心灵鸡汤，而是事情的客观规律，一件事只有反复实践才有可能做好。

5.多和执行力强的人接触

我有一个朋友分析自己缺乏执行力的原因时说："我什么原因都不是，我是纯懒。"这不是开玩笑，有一类人就是天生缺乏执行力，他们就是不愿意动。对这类孩子怎么办呢？只能是适当改善他们的性格。虽然性格的改变很难，但孩子的性格尚在形成期，还有机会改变。所以，让孩子和那些执行力比较强的人多接触，他就有可能受到他人的感染和带动。例如，每当看到我那位执行力超强的朋友勤奋地在朋友圈打卡的时候，我也不由自主地行动起来了。

缺乏执行力的原因有很多，可能并不限于我罗列的这几种。当孩子缺乏执行力的时候，不要只是简单粗暴地去训斥、去催促，也不要盲目地使用某一种方法，而是应该先找原因，然后对症下药，才能真正帮助孩子克服拖延症，提高执行力。

执行力强的孩子成长能力也强，因为他们主动性强，行动力最快，他们遇事不扯皮、不推诿、不逃避、不会想法过多，就是切切实实地去做，这个特点让他们不断地强大。

尊重孩子的内在成长节奏

关于成才，中国有句古话叫“大器晚成”，但中国的父母们显然更接受大器早成，否则“别让孩子输在起跑线上”这句话怎么会那么流行。为了迎合父母们的这种心态，一些早教机构应运而生，他们的口号就是让孩子早说话、早走路、早学知识，早早具备各种能力。但是，人生是场马拉松，不是百米赛跑，为什么要在马拉松的开场以百米赛跑的速度奔跑？而且，每个孩子的奔跑习惯都不一样，有的孩子在前半程跑得快，有的孩子在中后半程跑得快；有的孩子爆发力好，有的孩子耐力足。所以，没有必要要求孩子在开始的时候就跑得比别的孩子快。在刚开始的时候跑得慢一点，并不影响他最终赢得这场人生马拉松。

曾经在网上看到过这样一则故事。有一个女孩智力显得有些迟钝，从小学到中学学习成绩都在中下，父母一看这样的情况，也不再对她抱什么希望，心想能上到高中毕业就不错了。谁知到了高中以后，女孩的学习成绩渐渐有些好转，但父母还是没对她抱什么希望，高考果然也失败了。父母就打算帮她找个工作，让她早点走向社会。谁知女孩想再复读一年，父母同意了。结果这个女孩一下子复读了三年，终于考上了大学。考上大学之后，学习还是很吃力，磕磕绊绊终于读完大学。父母已经相当满足了，女孩又说要考研究生，又用了两年才考上研究生，研究生毕业时都28岁了。然后，找了一份不错的工作，并在30岁之前结婚生子，一步都没耽误。这个女孩后来在亲朋好友间成了一个传奇，因为没有一个人想到这个在童年时智力有些问题的小孩竟然可以读到研究生毕业，并且有了不错的生活。

这样的传奇为什么能够发生？我想，跟她的父母对她不抱希望有很大的关系。因为对她不抱希望，所以对她没要求，也不会去干涉她的学习和生活，给她压力，结果她在非常宽松的氛围中长大，完全按照自己的节奏成长，虽然成长得很慢，并不顺利，但结果不比其他孩子差。而那些一路被父母催促着、苛责着、监督着、教育着长大的孩子却未必能成长得多好。所以有心理学家说，最好的教育就是不教育。

因为每个孩子的成长节奏都不一样，就犹如每一种植物的发芽期、开花期和结果期都不一样，如果人为地去干涉它们的成长，它们可能会开不出美丽的花、结不出美丽的果，甚至可能会死亡。而每一个孩子都是不同的植物，都有自己独有的发芽期、开花期和结果期，遵循孩子的成长节奏，其实就是遵循孩子的客观成长规律。

这一点我也有体会。有一次，我到一个新公司上班，成长得有点慢，我自己有点着急，领导也找我谈话，说我是不是应该找找原因。可是半年以后，我却是公司员工里进步最大的那一个，并被升职加薪。后来我发现，对于一项新的工作或学习任务，我在开始阶段都不如别人学得快、做得好，但在一段时间以后，我却又是做得很不错的那一个。于是我了解了，我是做什么事情都上手比较慢但后劲比较足的那种人，这就是我的成长节奏。于是以后再做什么事情我也不着急了，也不会和别人比较，就按照自己的节奏来。

按照自己的成长节奏，不着急，不和别人比，会感到特别轻松。因为轻松，所以会成长得特别好，到了一定的节点，自然会强大。父母若能明白这一点，不去干涉孩子的成长，自身也会不再焦虑。

其实孩子是有一定的自我发展和自我教育的能力的，好的知识自然会对他们产生吸引力，他们天然会去体验各种事物，在各种事物中汲取营养。我们不需要去干涉他们这个过程，而是要保护他们这种能力。如果他们这种能力发展得好，父母和老师都会非常轻松。

1.不干扰孩子的成长速度

心理学家李雪说："根据芝加哥大学医学院儿科学即神经科学教授彼得·胡腾洛赫尔提出的定义，孩子的大脑尚未分化，如果过分对某一特定大脑区域进行刺激，如让孩子过早地、密集地接受智力训练，就会导致'神经挤破'现象，造成对于青春期和成年期创造力有重大意义的大脑功能区域萎缩。那么，孩子看似赢在了起跑线，却有可能输在中点或终点。"她还说："孩子的发展需要智商、情商、社交能力和运动能力相辅相成，不仅仅是智力发展就可以的。"因此，我们不需要刻意提高孩子的智力发展速度和其他方面的成长速度，不需要上什么早教班，在日常的学习和生活锻炼中，孩子的身心足以得到全面的发展。

父母干扰孩子的成长，很多时候是受功利价值观的影响，现在个别媒体散发"再不努力，你就被同龄人抛弃了"的功利价值观，把父母和孩子引向焦虑。孩子是要努力，但用他的节奏努力就好了，不需要和别人比较。每个孩子都有自己的方向、道路、节奏，只要自己不放弃自己，就永远不存在被谁抛弃。

2.不干扰孩子成长为什么样子

每个孩子心中都有一个精神胚胎，指引他成为他自己，这个“自己”可能不符合父母的期待，也不符合社会的大众标准，但父母要尊重孩子的想法，不强迫孩子必须成为你想让他成为的样子。孩子只有成为他自己，在他感兴趣并擅长的领域才能发挥自己的潜能，才能变得真正的强大。

3.尊重孩子的学习和生活节奏

有些父母喜欢干涉孩子的学习和生活细节，例如，中午非要让孩子睡觉，哪怕孩子不困；孩子想下午写作业，父母非让孩子上午写，说上午精神状态好；孩子想听着音乐写作业，父母认为这样会影响他学习，非要把音乐关掉。这就是用自己的感受和认知去干涉孩子的成长。

每个人都有自己的生活节奏，我就是晚上工作效率高，而我的一些朋友则是早上工作效率高，我只有按照我的节奏才能更好地工作。所以父母完全没有必要用自己的感受和节奏去干涉孩子，相信孩子的感受，孩子比你更清楚地知道此刻他最需要做什么，只要孩子的节奏不影响最终的结果，不妨让孩子按照他自己的节奏来。

4.不用“教育”去干扰孩子的感受，给孩子一个不被打扰的精神空间

看到一个作家在微博上说，她想带儿子去科技馆看展览，让儿子接受科技教育。没想到儿子走到小区时被一条毛毛虫吸引了，说自己不想去科技馆，想在这里看毛毛虫，结果儿子看了一下午的毛毛虫。这个作家的讲述中虽然透露出一丝无奈，但并没有干扰儿子看毛毛虫，甚至让他看了一下午。如果他生气地教育儿子：“毛毛虫有什么好看的，有科技展览好看吗？”就破坏了孩子与大自然的情感链接。在孩子的感受面前，教育是次要的。保护孩子的感受就是保护孩子与自我、与自然、与

艺术等的链接，不破坏他对这些事物的敏感度。这会使孩子成为一个充满“灵性”的人，而不是被各种知识、规则教育出来的机器人。

社会中充斥着各种教条主义的教育，如孩子见人必须打招呼，必须学会分享，嘴甜、听话才是好孩子，结果孩子被教育成了讨好型人格，失去了自己的精神空间。其实我们成人也不是见谁都想打招呼，和谁都想分享，而是对自己喜欢的人才愿意这么做。所以，尊重孩子的感受就是尊重真实，让孩子成为一个真实的人，拥有真正的自我。

最好的教育不是教育，而是陪伴、关注，但不打扰，让孩子按照他自己的节奏体验这个世界，相信他有自我成长的能力，并能够通过自我的成长获得不断强大的能量。这种能量可能比父母刻意的“教育”所带来的能量更大，效果更好。

培养孩子的自我成长能力

孩子原本有自我成长的能力，会自动调整自己的欲望，调动自己的各种能力来适应周围的一切。但我们看到的实际情况却不是这样，有些孩子不在父母和老师的教育下、监督下、指导下、安排下，就无法自发地去成长。

这是因为，首先，父母破坏了孩子的内在成长节奏，使孩子失去了自我成长能力，使他由反感父母的教育渐渐变成顺从、依赖父母的教育，离开父母的教育，他便无法约束和提醒自己自我成长。例如，孩子本来可以自觉地做作业，但父母习惯了监督他们，最终使他们不在父母的监督下就无法自觉地做作业。

我身边有很多这样的人，离开学校以后，他们再也不学习，不去掌握适应社会发展的新技能。如果你跟他们说你应该去学点什么，他们会用一种很奇怪的眼光看着你说："我这么大了还要去学习，学习不应该是在学校的事情吗？"他们的观念是在学校学习就是为了出校门以后再也不用学习。他们不认为学习应该是一辈子的事，应该成为人的习惯和自觉，而认为只有在他人或机构的监督下才能够学习。很明显，他们已经失去了自我成长的能力。

其次，每个孩子自我成长的能力不同。每个孩子的专注力、自律能力和执行能力都不同，这就导致了他们自我成长的能力不同。

最后，自我成长的意识也有限。

我有个朋友想学个新技能，却不知道自己要学点什么，想来想去都是在司机、厨师等之间选择。不是说司机、厨师这些职业就不属于技能，而是说这些技能门槛比较低，很容易被他人取代，学完之后还是没有竞争力。他不懂得去了解这个社会发展到了什么程度，现在和未来最需要什么技能，哪些技能即将被淘汰。也就是说，他有自我成长的意识，但这种意识却有局限，这也是自我成长的能力不足的缘故。

回想我自己在这方面做得还是比较好的。小时候学习从来就不需要父母监督，从小到大一直保持着比较强烈的学习欲望，走出校门以后也一直没有停止过从各种渠道学习。随时留心社会的发展，结合自己的特点发展新的技能。感觉到自己原来的职业和自己的精神生命不够契合，及时抛弃，投身写作领域，又学习了心理学。直到现在还常常有种强烈的感觉，觉得自己很多都不懂，还有好多东西需要学习。只要发现一些对我自身有用的东西，就会立刻抓住机会，如饥似渴地去学习。这种自我成长的习惯让我感觉到自身的能量在不断增加。

可是我发现，我的这种习惯身边的好多人都没有，他们并非完全是懒惰，而是真的没有这样的意识。他们经常会去寻找各种赚钱的机会，把机会看得特别重要，却很少想过提升自己的能力才是赚钱的真正契机。他们已经在各种教育下失去了自我教育、自我成长的能力，无法从自身获得不断强大的能量，只能从外部投机取巧。

而他们的这种能力是在童年时失去的。功利的价值观认为学习是为了谋生，而不是完善自我。孩子被这种价值观影响，长大之后自然认为“我已经能够生存了，为什么还要去学习”。至于生存的质量如何，他们不太在意，或者在意了却没有足够的动力和能力去改变。

但如果在童年时，父母顺应孩子的天性，让他们自然地去接触社会、自然，保持对一切事物的好奇心和生命的活力，他们就会顺应精神胚胎的指引，释放自己的能量，自发地去学习和成长，成为那个更好的自己。如果父母不去影响、干扰和阻断这个过程，他们会一直保有这种天性。

鉴于孩子的自我成长能力不同，父母如何去保护、引导和激发孩子的这种天性呢?

1.多接触自然

童年的孩子对大自然最为好奇，大自然中都是活生生的生命，哪怕是一条毛毛虫，一条蚯蚓对孩子来说都是非常有趣的。书本、电子产品、玩具固然也有趣，但和孩子还是有段距离，因为不够鲜活和立体。让孩子多接触自然，并不只是让他从大自然中学到什么，而是要保护他的这份好奇心和对自然、对生命的热爱。对这个世界有浓烈的兴趣，孩子才会主动去了解这个世界、自发地去学习和成长。

2.养成阅读的习惯

我的自我成长的能量最多是从阅读中获得的，从小到大我都保持阅读的习惯。阅读让我摆脱了只能在学校学习的限制，摆脱了固定的老师的限制，也摆脱了自身经历有限的限制，它让我眼前的世界无限宽广，一生都有汲取不完的能量。如果一个孩子只在学校学习，出了校门之后便没有了阅读的习惯，那么他自我成长的能力是非常有限的。学校是孩子学习的一个很好的场所，但不是唯一的场所。学校的书本知识只是基础教育，不足以应对纷繁复杂的社会。养成阅读的习惯，孩子一生都会处于成长的阶段。

3.有内省的习惯

多接触自然和社会是向外观，内省则是向内观。一个人不管拥有多少知识和见识，如果不懂得通过内省消化、吸收，那么这些知识和见识还是不属于自己的，他还是认识不到自己的不足，那么就无法得到真正的成长。可以说，一个不懂得自省的人是不大可能成为内心强大的人的，因为认识自己、克服自己的弱点，改变自己的不足等，都需要通过自省。

父母要引导孩子养成内省的习惯，不管是看了什么书还是遇到什么事情，多问问自己能从中学到什么。这个内省不完全是指反省，更不等于遇事就自责、归罪自己，而是有向内挖掘的习惯——除了能看到自己的不足，也要能看到自己的长处，挖掘自己的潜质，这才真的有利于自己的成长。

4.向他人学习的习惯

一个人的成长不能只从自身获得，阅读也好，自省也好，都是自我对话，不管再努力，所能达到的程度也是有限的，所以还必须通过向他人学习，获取源源不断的能量。最好的教材是活教材，活生生的事例最有说服力和参照性。因此，引导孩子多向他人学习，他人的优点可以模仿，他人的缺点可以借鉴。这样的话，身边的每个人都可以成为孩子学习的对象，因为每个人都有自己的长处和短处。一旦孩子养成了这个习惯，便真的拥有了不断成长的能量。

一旦孩子拥有了自我成长的能力，便不再需要父母刻意去培养。而且一生漫长，父母不可能陪伴他一生，督促他一生。如果他能够督促自己去成长，甚至不需要督促，而成为一种自觉和习惯的话，那么他这一生的强大就是顺其自然的事情。

8 自我保护能力：孩子内心强大的必备技能

世界并不全是美好，危险和坏人常常会伤害孩子，而父母也不可能时刻陪伴和保护孩子，所以，拥有自我保护能力特别重要。在预感危险来临时，能及时逃离危险；在危险无法避免时，能及时采取措施使自己受到的伤害降到最小。这些自我保护能力也是内心强大的孩子必须具备的。

当谁都不能保护你的时候

人这一生，固然有很多人陪伴我们、保护我们，但更多的时候却是我们独自面对一切。当一个人的时候，我们能否保护自己不受伤害或少受伤害以及消化伤害带来的伤痛，将决定着我们的内心是否强大。对孩子来说，从上幼儿园开始，和父母在一起的时间就逐渐减少，父母再也不能24小时陪伴孩子。离开父母视线的孩子，能安然度过每一刻吗？

在网络上随意搜索一下“儿童伤害”，就可以看到这些案例：

萍萍在幼儿园玩耍时，被一男孩踢到小腿，右胫骨骨折，卧床1个多月。

涛涛在幼儿园被厕所的地毯绊倒，头磕到小便槽的边沿，缝了6针。

有一名8岁的小朋友在回家的途中，被一辆电动车撞倒，手肘骨折。

……

不过，这些伤害还不是最严重的，毕竟，它伤害的更多的是孩子的身体。而让孩子身心都受到伤害的则是儿童被性骚扰、性侵案件，这几年，我们听到的、看到的类似案件已有不少，校园内、校园外都时有发生。

这些案例告诉我们，当父母不在孩子身边的时候，伤害可能会随时降临到孩子身上，而很多孩子还不具备保护自己的能力。由此引发的最可怕的后果是，它给孩子带来的伤害会持续很多年。

2017年，有两个人的自杀事件引起了人们的注意，一位是台湾的年轻女作家，另一位是美国的人气歌手，他们都曾在童年时被性侵，时隔多年，即便他们在各自的工作领域都取得了不小的成就，却依然无法走出童年被伤害的阴影，最终选择结束自己年轻的生命。

童年时受到的伤害，却并未在童年截止，十几二十年间，他们一直饱受伤害的折磨，最终无法承受，选择结束自己的生命。这才是这些伤害案件带给孩子的最可怕的后果——它伤害的不是孩子的一时，有可能是孩子的一生。

假如他们当初能够保护自己，假如在受到伤害后他们能在父母的帮助和自己的努力下从伤害的心理阴影中走出来，那么他们的结局或许会美好一些。这，就是孩子必须学会保护自己的重要原因。

除了身心受到侵犯时，孩子要学会保护自己。在遇到危机和挑战时，孩子也要学会独自应对。

在《摔跤吧，爸爸》这部电影中，曾为摔跤手的爸爸一路陪着女儿比赛，可在最关键的争夺冠军的比赛开始时，爸爸却被人陷害无法出现在看台上，习惯了爸爸陪伴、鼓励、场外指导的女儿在那一刻陷入了恐慌。对手是那么强大，而爸爸却不知道去了哪里，她该如何赢得这场比赛呢？可在短暂的慌乱之后，她冷静下来，她想到了爸爸曾经跟她说过的话："爸爸不能永远陪着你，当爸爸不在你身边的时候，你不要害怕，按照爸爸平时说的去做就可以了。"最终，她克服了恐慌，赢得了比赛。

当父亲不能保护自己的时候，孩子很好地保护了自己，她用父亲平时教她的应对危机的方法解决了危机。在危机发生的那一刻，她也有一刹那的恐慌和脆弱，可是很快她就冷静下来，这种冷静来自父亲平时为她做的心理建设，也来自父亲平时教她的那些具体的应对危机的方法，是这些让她在那一刻变得强大。

像电影中的这位父亲一样，每位父母都想永远陪伴孩子，尤其是在孩子遇到挑战或危险的时候，父母恨不得能为孩子挡一挡，哪怕自己受伤，也不愿孩子受伤。可是，父母终究不能时刻陪伴孩子，而人生也不总是美好、简单和单纯，同时也有残酷、丑陋和复杂，这时，如果孩子没有保护自己的能力，就有可能受到伤害。而伤害可大可小，小到只是一次普通的失败，大到被暴力侵害。伤害带给孩子的影响可能会持续很久，因为身体上的伤害会好，心理上的伤害却不容易好。

所以，成为一个内心强大的自己，需要拥有一定的保护自己的能力。作为孩子，不能把这件事完全寄托在父母或他人身上。作为父母，需要从小就培养孩子的自我保护能力，这是对孩子的负责。父母对孩子自我保护能力的培养，主要表现在两个方面，一是心理上，二是行为上。

1.心理上的自我保护

在危机发生前、发生中和发生后，孩子都需要在心理上强大起来，才能很好地保护自己。行为上的崩溃都是因为心理上先崩溃了。例如《摔跤吧，爸爸》中的女儿如果心理上无法冷静下来，就不可能充分发挥摔跤技术赢得比赛；一个小孩遇到了坏人，如果心理上先被吓住了，可能连逃跑的脚步都迈不开；而在伤害发生后，如果不懂得调适自己的心理，那么伤害还会加重并持续，并带来难以挽回的后果。所以，自我保护能力始于心理上先强大起来。

这需要父母在平时就给孩子做一些这方面的心理培训：在遇到有可能伤害自己的人或事时，不要过于害怕、坐以待毙，而是敢于采取一些保护自己的措施。在伤害发生后，也不要因为害怕不敢告诉父母，那样父母就无法帮助自己走出伤害。遇到这些事情时，要冷静下来，想想父母平时教自己的应对方法，想办法自救。平时给孩子做一些这方面的心理建设，多鼓励孩子，让孩子先具备保护自己的心理能量。

2.行为上的自我保护

当遇到坏人或危险的事情时，应该采取哪些具体的措施防止自己受到伤害或把伤害降到最低，这就是行为上的自我保护能力。例如，遇到坏人时，如何不把自己置于危险的境地，如何逃跑、求救、还击等，这些具体的知识和技能需要父母平时就给孩子讲述和培训。可以让孩子看一些图片和视频，给他详细讲解怎么做。让孩子学一些防身术，如武术、跆拳道等，让他在身体上具备保护自己的能力。也许他的力量无法与更强大的人抗衡，但起码可以给伤害他的人带来一些阻拦。

父母无法永远陪在孩子身边，但父母给孩子的知识、技能和能量却可以永远陪伴着孩子，使他免于受到伤害或少受伤害。在这方面，父母不能偷懒，因为孩子的幸福容不得一丝侥幸。

某个电视节目中，一个嘉宾说了这么一段话：“你只要想到你不是一个人，就不会感到害怕了。但是，你也要有一个人撑得下去的时候。因为我们生而为人，就是一个人来，一个人走，所以很多时候你要习惯一个人面对。”这段话让我印象深刻，它告诉我们：人要有独自面对挫折、伤痛和危险的能力，只有这样，才能更好地面对这个世界。

告诉孩子：真实的世界不是美好童话

世界是美好的，但也是残酷的、丑陋的，对每一个成年人来说，都能够淡然接受这样的事实。但大部分父母可能都不大会把这样的事实告诉孩子，一方面，认为孩子的世界就应该是单纯美好的，不愿打破这种美好；另一方面，觉得这些残酷和丑陋离孩子还远。但事实又告诉我们，这些残酷和丑陋随时都有可能在孩子的身上发生。

近几日，在网上看到这样一则新闻：一个小女孩独自乘坐电梯，当电梯里除了自己，只剩下一名成年男子的时候，男子对小女孩实施了猥亵行为。当网友们还未从愤愤不平中平静的时候，在另外一个地方的电梯间，又发生了同样的事件。

这几年，网络上曝出的类似事件已经不止一两例，随便在网上搜索一下，就能看到几页这样的新闻。除了猥亵少女事件，还有校园霸凌事件，包括男孩猥亵女孩事件，以及男童被猥亵事件。

去年有新闻报道，某个地方有成年男性群体猥亵男童事件发生，他们团体作案，有组织，有网站，有联络人，有庞大的利益链。许多男童成了这个组织的受害者，在他们的网站上，有多个男童被虐待、被侵害的照片。

这一则则新闻在提醒我们，这些事情不是那么偶然，它发生的频率应该比我们想象中高。只是以前网络不发达，有一些没有被我们看到。我这样说并不是危言耸听，而是要提醒我们的父母，对孩子的保护应该更加重视。

而保护的第一步我认为是，让孩子对这些事情有所了解，让孩子知道这世界上有一些不美好的人会做出一些不美好的事情伤害自己。如同包办型溺爱剥夺了孩子探索世界的权利一样，不让孩子了解世界残酷和丑陋的一面，会让他有朝一日突然面对这些的时候措手不及、无法应对，遭受更大的伤害。例如，我一个朋友一直对爱情抱有美好的幻想，突然有一天，他发现爱情里也有出轨和背叛，他一下子就被击垮了，再也不相信爱情了。

而让孩子去了解这个世界不美好的一面，不是说他一定就会遇到这些事情，而是增加他对世界的认识、对人性的了解、对受害者的同情心，让他对世界的感知丰富起来，这对他的成长和内心的强大都是有益的。除此之外，是增加他对世界这一面的接受度，不至于在遇到这些事情时遭受过大的心理冲击。

父母应该在适当的时候告诉孩子，真实的世界不是美好童话，里面既有白雪公主，也有比让白雪公主吃毒苹果的恶婆婆更坏的坏人。

1.让孩子适当地知道一些现实生活中不美好的东西

现在有些影视作品里会有“傻白甜”一类的角色，不谙世事，非常单纯，特别相信世界的美好，在她们遭遇危险的时候，就会有一个“英雄”人物及时出现来解救她们。但稍稍经历过世事的人都知道，真实的世界不是这样的。在现实世界中，如果你真的是“傻白甜”，没有人会来解救你。所以，我们要避免孩子成为“傻白甜”。方法就是，让孩子适当地接触一些不美好的文艺作品和现实生活。无论是动画片，还是书籍、影视，都可以让孩子适当地看一些内容丰富的、更接近现实生活的作品，里面可以有一些不美好的故事情节，当然尺度要把握好，如果怕孩子接受不了，父母可以陪孩子一起看，一边看一边讲。要告诉孩子，现实世界中这些事情是有可能发生的。一些报道真实事件，如拐卖儿童的、法制节目等，都可以适当让孩子看一些，但不宜多看，因为过多的负面事件对孩子的心理也会造成冲击。

除此之外，父母还要告诉孩子学校里也不是只有美好，也会有不好的同学，同龄人也有可能伤害你，一些校园暴力事件也可以让孩子了解一下。

总之，一些有可能给孩子带来伤害的人和事，都可以提前让孩子了解一下，有所了解就可以在遇到的时候预知是怎么回事儿，而及时逃开。

2.让孩子了解虽然不美好是存在的，但世界总体上仍然是美好的

让孩子了解世界不美好的一面是为了让他能够保护自己，但若他从此相信世界就是不美好的，就违背了我们的初衷。人为什么会自杀，除了无法承受伤害外，还有对这个世界产生了极其失望的情绪，对世界不美好的感受完全占据了内心，心中全是灰暗的想法，于是不再留恋这个世界。所以，父母的责任不但是让孩子了解这个世界不美好的一面，同时也要让他相信纵然不美好的一面是真实存在的，但世界总体上仍然是美好的。

父母要做到这一点，第一要告诉孩子，世界虽然有不美好的一面存在，但向善是人的本能，这种本能决定了这个世界更多是美好的一面，所以，不应该对世界或他人失去希望。第二，要让孩子体验到活着的价值和人性的美好，可以带他多和性情美好的人相处，多体验活着的乐趣和美好的事物，多看看还有许多人在帮助别人、保护别人等，让他对人性和世界充满信心。

一个内心强大的人不但能接受这个世界美好的一面，也能够接受这个世界不美好的一面，并在见过了这个世界不美好的一面之后，仍然对世界抱有一份美好的希望。而对这个世界抱有美好希望的人才能更好地生活，他可以一边同不美好作斗争，一边去发扬人性中美好的一面，而这才能让这个世界变得更好。如果孩子对世界、对人性有这样理性的认识，那么一时的伤害击倒不了他。

这个世界上有美好的白雪公主，也有逼白雪公主吃毒苹果的老巫婆，更有比老巫婆还要坏的人，但是，这世界上更多的还是白雪公主，这才是完整的、真实的世界。孩子需要了解一个这样的世界，并对此做好心理准备，然后去迎接有可能遇到的一切。

敢于表示愤怒和拒绝，逃跑和还击

告诉孩子真实的世界不是美好童话，只是心理上的预警和保护，但这还不够。父母若想让孩子真正远离伤害，还必须让孩子学会从行为上保护自己。在伤害来临前，能判断、会逃跑；在伤害发生时，敢拒绝、会还击；在伤害发生后，能想办法把事件对自己的伤害降到最低，这样才能很好地保护自己。但我们发现，很多时候，孩子并不能做到这一点。

在一些校园暴力案件视频中，我们发现，一些孩子在受到其他同学打骂时，没有任何有效地保护自己的行为，既不敢表达内心的愤怒，也没有身体上的反抗，只是蹲下来抱着头任由他人打骂，连哭泣都不敢。

在上文提到的电梯内女童受猥亵事件中，很多网友也发现，小女孩受到猥亵时没有任何反应，没有呼救，没有反抗，当电梯门打开时，小女孩竟然不知道逃跑，以至于电梯门被关闭，小女孩继续受到猥亵。

从这些案例中可以看出，这些孩子缺乏保护自己的勇气、意识、能力、方法和技巧，成了一只任人宰割的羔羊。

当和对方力量悬殊时，不敢反抗可以理解。但若不做丝毫努力，任由对方欺负或侮辱，就是一种软弱，就失去了最后一点保护自己的机会。有的孩子会认为，我若反抗，对方会变本加厉地欺负我。固然，会有这种可能。但是若过于顺从，对方也未必会放过自己，因为欺软怕硬是人的本能。有时他人伤害自己，就是吃准了自己不敢反抗，不敢声张。俗话说“柿子专挑软的捏”，坏人也会专挑这样的孩子下手。

当受到伤害时，一定要有一些保护自己的手段，这些手段可以是语言，也可以是行为。具体怎么做，要根据当时的具体情况和自己的力量强弱来决定。

语言方面：

1.可以通过质问表达内心的愤怒

如果当时自己和对方的力量悬殊，一个人面对几个人，一个孩子面对一个大人，这些情况下确实不适宜做出激烈的肢体反抗，但也要敢于通过语言表达自己内心的愤怒和对对方行为的拒绝。如：“为什么要打我，我没有得罪你们。”“我的零用钱是我的，为什么要给你？”甚至可以直接说：“走开！”

这是向对方传递三个信息，一是我不是弱者，不会任由你们欺负；二是你们的行为是错误的，是要受到谴责的；三是若不停止你们的行为，你们有可能会受到惩罚。虽然当下处于弱势，但不是弱者。有这样气场的孩子，别人不大敢欺负他们。

2.可以通过讲道理说服对方

讲道理未必一定有效果，但它有两个作用。第一，拖延时间，等待别人来救自己，或者伺机逃跑。第二，相信对方还有一丝善良，用道理说服或感动对方。例如，在遭遇校园暴力时，可以这样说：“我们都是同学，不是应该互相友爱吗？为什么要互相伤害？”“你们如果需要钱，我可以借给你们一点，算是同学间的互相帮助，但是你们不能通过这种方式勒索我。”“如果我得罪你们了，我可以向你们道歉，但因为一件小事打我就过分了吧。”这时要适当示弱，态度不要那么强硬，以免激起对方的逆反心理。

这和上一条所说的似乎有点矛盾，但这正是我们说过的内心强大的人要可刚可柔、可强可硬。在和他人发生冲突时尤其要这样做，要懂得根据实际情况决定自己的态度，既不能一味地软弱，也不能一味地强硬。可以先用稍微强硬的态度表达自己的愤怒，再用比较柔软的态度来表达自己并不想和对方发生更大的冲突。这个时候，不卑不亢的态度最有力量。

3.用后果来震慑对方

其实每一个在实施暴行或犯罪行为的人，心中都有恐惧感，他们也知道自己做的事情是错的，一旦被发现会有可怕的后果。所以，可以通过语言强化他们这种感受，迫使他们停止自己的行为。

一位致力于儿童性虐待案件的专家说，儿童在遇到这类事情时可以严厉地看着对方说：“我还未成年，你不怕坐牢吗？”这句话对正要实施犯罪行为的人非常有杀伤力。因为没有人不怕坐牢，有些人明知可能会坐牢还是要冒险实施犯罪行为，是抱着侥幸心理，我们就要击败他们这种侥幸心理。

同样，面对校园暴力，孩子也可以这样说：“你不怕学校知道了把你开除吗？”没有哪个孩子会拿自己的前途开玩笑。这样说比“我会把这件事告诉老师和父母”管用，因为有暴力倾向的孩子掌控欲和逆反心理比较严重，一旦知道你要向老师和父母告状，可能会变本加厉地实施暴力行为，以证明他比老师和父母还强大。所以，用他难以承受的后果来震慑他，比用“告状”来威胁他要管用。

行为方面：

1.如果对方和自己的力量差不多，完全可以逃跑和还击

我们不提倡孩子打架，但自卫不是打架。如果对方的力量和孩子的力量差不多，那么孩子完全可以还手保护自己，或者推开对方逃跑，而不是对方一恐吓就被吓住，然后动也不敢动，坐以待毙。一个强者不欺负弱者，但也不能不作任何努力就自认为弱者。

2.如果对方和自己力量悬殊，找机会逃跑

但是，当对方和自己力量过于悬殊的时候，不要轻易还击，因为还击有可能被打得更厉害。这时，可以先通过表达愤怒和拒绝震慑住对

方，也可以大声呼救，然后趁对方有所松懈的时候逃跑。这个过程中一定要冷静，不要过于害怕，否则有机会逃跑的时候都忘记了逃跑。而这种胆量和勇气，以及逃跑的技能都需要父母在平时对孩子有所培训。

3.最好让孩子学一些自我保护的具体技能

面对比自己强大的坏人，逃跑和还击并不容易实施，尤其是女孩子，在身体上处于弱势，如果没有一些具体的保护自己的技能，在某些情况下，无论如何是逃不掉的。所以，想要真正地保护自己，还必须有“一技傍身”，得会一点儿“功夫”。这样，在遇到伤害时不但能够很好地保护自己，还能够教训一下坏人。

网上有这样一则视频，一个女孩子被几个男孩调戏，女孩不动声色地跟他们来到一个空旷的地方，几个男孩正得意。突然女孩一个过肩摔把其中一个男孩摔倒在地，男孩的胳膊“咔嚓”一声瞬间断裂。其他几个男孩吓呆了，立刻跑得无影无踪。网友们纷纷为这个女孩喝彩，说：“千万不要随便得罪女孩子。”

是的，千万不要随便得罪女孩子，因为你不知道哪个女孩子会跆拳道或空手道。但是，如果这个女孩不会“功夫”，那后果会是怎样呢？恐怕不敢想象。

所以，让孩子学习一些自我保护的具体技能很有必要。技能可以弥补孩子身体上的弱势，让他在遇到危险时心理上不再胆怯。这些技能包括武术、跆拳道、空手道、摔跤、防身术等，可以让孩子选择一样或几样来学习，既能够锻炼身体，又能够保护自己。

越是内心弱小的人越喜欢用暴力去伤害他人，和这些人不要轻易地以暴制暴、硬碰硬，但也不能一味示弱，而是要根据当时和自身的情况采取适当的策略，或拒绝，或逃跑，或还击，孩子不一定需要通过武力教训对方，但一定要尽力保护自己不受伤害。因为，伤害他人不是强者，但保护自己不被伤害却是强者的象征。

当受到伤害时，要告诉父母

当伤害已经发生了，是独自承受，还是告诉父母让父母和自己一起承担，有时孩子并不知道该怎么做。在胆怯、无知、被恐吓的情况下，孩子很可能会隐瞒一切，不让父母知道。而这样，就会使孩子继续受到伤害。但孩子幼小的心灵又不能独自承受这些，所以会带来更严重的后果。

2017年，某所幼儿园小朋友的父母在帮孩子洗澡的时候发现孩子身上有针眼，父母立刻询问孩子这些针眼是怎么来的，开始孩子怎么也不肯说，在父母的反复追问下，孩子才战战兢兢地说是在学校被老师扎的。父母立刻到幼儿园去了解情况，才发现孩子已经被虐待好久了，而且不止一个孩子受到这样的虐待。他们在老师的哄骗和恐吓下，不敢把自己被虐待的事情告诉父母，以至于自己独自承受着这样的伤害。

看到这样的事情，实在让人心痛。心痛的不只是孩子受到了虐待，更是受到虐待后不敢告诉父母，独自承受的孩子。而这也说明这些孩子缺乏自我保护的意识和能力。孩子毕竟弱小，能应对的问题和能承受的压力有限，如果在受到伤害的时候不说，该求助的时候不求助，就会让自己的身心受到伤害。而及时告诉父母，往往可以让伤害很快停止。

网上有这样一则新闻事件，有一个女孩因为身上汗毛浓密被男同学嘲笑，女孩羞愧难当，不敢上学，经常哭泣。在父母的追问下她才说出了实情，爸爸知道后非常愤怒，立刻去找那些嘲笑女儿的男同学算账。从此以后，再也没有同学敢嘲笑女儿了。

能独自解决问题、承担压力和痛苦固然是一种强大，但在无法承受时，及时请求父母或他人的帮助也是一种强大。因为人这一生总有一些事情是自己力所不能及或超出自己的心理承受能力的，这时，学会通过求助转移压力反而是一种智慧的表现，一个强大的人并不需要总是独自扛下所有。

但因为种种原因，有些孩子在受到伤害时没有选择告诉父母，而是独自承担着痛苦。这其中有很多原因，有些孩子是根本没有这个意识，有些孩子是受到了哄骗和恐吓不敢诉说，有些孩子则是因为羞愧不知道该如何说。所以父母要让孩子知道，在遇到难以解决的问题或受到伤害时，不要有任何顾虑，要大胆地告诉父母，让爸爸妈妈和自己一起面对。当父母不在自己身边时，要学会自己保护自己。但当父母在自己身边时，一定要让他们帮助自己。

1.鼓励孩子在受到伤害时要敢于说出来

在平时，父母就要给孩子传递一些这样的观念，当有人欺负你的时候、嘲笑你的时候、虐待你的时候、伤害你的时候，不管他是谁，不管他如何哄骗或恐吓你，不要上当，更不要害怕，要及时告诉父母，让父母帮你处理。伤害你的人比你更害怕让别人知道这件事，所以才会恐吓你不要告诉父母。

如果父母发现孩子已经受到了伤害，但孩子还是不肯说或者说不清楚，父母就要一边鼓励一边引导孩子：“伤害你的人是这么做的吗？”“你模仿一下伤害你的人是怎么做的？”

父母在平时也要多注意观察孩子的情绪和身体，当孩子的情绪和身体异常时，要主动询问孩子遇到了什么事情，需不需要父母帮忙。

敢于诉说不幸或伤害，而不是把这些压抑在心里，这样的孩子不容易抑郁。而不说，就有可能长期受着心理折磨，当有一天承受不住的时候，就有可能会造成难以挽回的后果。所以，父母一定要鼓励孩子敢于诉说，不要有任何心理压力。

2.当孩子诉说时，父母要毫无理由地信任孩子

如果孩子诉说时，父母不相信孩子所说的是事实，或者相信了但并不站在孩子这一边，反而责怪孩子，就会造成以后孩子再遇到同类事件时不愿告诉父母。这时，不相信或责怪会给孩子带来二次伤害。例如，孩子说老师打自己了，父母不相信：“胡说，老师怎么会打你，你不要污蔑老师。”或责怪孩子：“老师打你肯定是因为你表现不好。”

孩子本想让父母保护自己，但在父母那里得到的却是再一次的伤害，那么以后他遇到同类事件肯定不会再告诉父母。不但如此，不信任孩子有时还会带来更可怕的后果。

台湾有位年轻的女作家童年时曾遭性侵，事情发生后不久她难以承受巨大的痛苦，于是告诉了父母，但她等来的不是父母的安慰，却是不信任和责备：“胡说，老师怎么可能这样做！”万念俱灰的她从此把这件事埋在了心底，但内心的伤痛却一日比一日严重，以至于在成年后，她选择了自杀。

连父母都不相信自己所说的，还有谁可相信呢？连父母都不给自己支持，还有谁能给自己支持呢？所以，坏人把她推进了深渊，父母却把她推进了地狱。如果父母当时信任她，给她安慰和鼓励，帮她惩戒坏人，也许可以把她从深渊中拉出来。

所以，当孩子诉说自己受到了伤害时，父母一定要相信孩子所说的，同时给他安慰，在那一刻，一定要毫无理由地站在孩子这一边。哪怕你怀疑孩子所说的不是真的，但请先相信孩子，然后再去调查求证，如果确定了不是真的，再责备孩子也不迟。在这个时候，能给孩子支持和保护的父母，才能得到孩子的信任。孩子在以后遭受伤害时，才会第

一时间告诉父母，寻求父母的保护。

当父母不能陪伴孩子的时候，孩子要尽量学会保护自己。但假如还是不幸受到了伤害，就要想办法把事情带给自己的伤害降到最低，那么告诉父母，让父母和自己一起分担就是最好的办法。孩子要相信父母能够帮助自己，父母也要让孩子相信你真的能够帮助他。童年时，父母能够给孩子这样的支持，长大后，孩子才不会独自扛下所有事情。

9 父母的支持：孩子内心强大的有力根基

一个人的内心不可能无缘无故地强大，一定是从某些地方得到了某种力量，这最初的力量就来自父母。父母若爱他、支持他，他的内心就会有支撑；反之，他的内心可能连“站立、行走”的力量都没有，甚至会一生孱弱。所以，父母给孩子最好的支持，就是给孩子的内心注入强大的源泉。

没有父母的支持，孩子的强大是无源之水

自然界有个有趣的现象，大部分动物一生下来就会站立行走，但最高级的动物——人类却必须在父母的抚养下用近乎一年的时间才能够站立行走。大自然的用意何在？有心理专家指出，这是为了通过抚养让父母和孩子建立起亲密的关系。在建立关系的过程中，父母对孩子产生爱恋，孩子对父母产生了依赖和信任。这种亲密与依赖和信任的关系，是孩子敢于站立行走，能够克服困难、度过挫折、抵抗压力、一路成长变得强大的动力源、加速器或缓冲器。

也就是说，父母的支持，是孩子强大的原动力。没有父母的支持，孩子的内心必定像干枯的河床，没有爱，没有能量，不知道可以依恋与信任谁。即便他可以挣扎着自己长大，即便他可以通过自己的努力获得成功，成长为一个外表看似正常的人，他的内心依然是分裂的、破碎的、扭曲的，充满委屈和愤怒的，非但不强大，还可能连基本的健康都没有。

前不久，听说了这么一个故事。故事的主人公在童年时被母亲抛弃，之后母亲再也没来看过他。至此，他心中埋下了仇恨母亲的种子。长大后他娶妻生女，但对妻子和女儿一点都不好，说天下的女人没一个是好的，包括自己的女儿。晚年时，妻子生了病，他不但不照顾她，还骂她“活该”，致使妻子很快就去世了。妻子去世后，他陷入了深深的

痛苦中，后悔自己这一生没有好好照顾自己的妻子。现在妻子去世了，女儿和自己也不亲近，世界上只剩下孤独的自己。

我听了这个故事后，心里感到很唏嘘，这真的是一个童年决定一生的案例。因为童年和整个成长的过程中都没有从母亲那里得到过任何支持，母爱、依恋、信任、亲密感什么都没有，所以他也无法给予别人这些。他甚至把对母亲的恨投射到了妻子和女儿身上，导致妻子和女儿一生也不幸福。这样的人如果在成长的过程中没有机缘得到其他人的支持，没有机会得到心理咨询师的指导，心理的强大几乎是不可能的。

这个世界上对人伤害最大的行为是“抛弃”，被抛弃感对人的伤害可以说是致命的，“我最爱的人、最信任的人不要我了”，这对一个孩子来说是难以承受的伤痛。这种行为破坏的不但是孩子对某个人的信任，甚至是对整个世界的信任。因为在童年时，孩子对世界的信任就来自对父母的信任。

即使父母没有抛弃过孩子，但在孩子需要支持的时候没有给孩子提供支持，也会有损孩子对父母的信任和他对自己的信心。

曾经有位朋友向我咨询，无论在何人面前，她都无法真正的自信，而且也不信赖别人，就算是自己的丈夫，遇到问题也从不求助，总是习惯自己扛着。她这种性格让丈夫很受伤，说她不把他当作亲近的人，难道他不值得她信赖吗?

挖掘她的童年得知，从小她很少从父母那里得到过什么支持。做作业遇到不会的题目，向妈妈求助，妈妈总是说：“这是你自己的事情，你自己解决。”几次之后，她宁可不做那道题，也不再向妈妈求助。

别的小朋友都去学跳舞，她也想去，让妈妈帮她报班，妈妈说：“我没钱！”

在学校被别的小朋友打，回家告诉妈妈，妈妈还是那句话：“你自己的事，自己解决。”

考试考得不好，想从妈妈那里得到鼓励，妈妈却说：“你从小就不是聪明孩子。”

后来，她再也不向妈妈求助了，能自己解决的问题就自己解决，不能解决的就自己承担后果。她和妈妈的关系一直很疏离，成年后，她也很少回家看妈妈。

妈妈的态度告诉她，凡事只能靠自己，别人不会给自己援助。所以结了婚以后，她也不敢依靠丈夫，怕从丈夫那里碰钉子。她也渴望和丈夫之间的关系更亲近一些，但过往的经历告诉她，别人总会让自己失望。

在自己最需要支持的时候，妈妈没有给她支持，所以她不再信赖妈妈。妈妈都不能给自己支持，别人又怎么可能给自己支持呢？所以她也不信赖丈夫。

人对这个世界的认识最初是从父母那里得来的，父母信任他，他就信任自己；父母值得他信任，他就信任别人。自信、他信和信赖他人会给孩子建立起一个美好的世界，但若自信或他信崩塌了，这个美好的世界也就不存在了，孩子在与他人相处时就特别容易产生“信任危机”。

但所谓内心强大并不是永远只靠自己，一个只能靠自己的人是悲哀的，这代表没有人爱他、支持他。但在需要的时候有人支持自己，帮助自己渡过难关，自己的内心则会充满温暖和感恩。这个支持可以来自父母，可以来自朋友，也可以来自心理咨询师。如果一个人懂得在最绝望的时候寻求支持，那么他永远不可能发生最危险的事情。但首先是，他相信别人能够帮助他，就像小时候，他相信父母永远站在他身后，给他最强有力的支持一样。父母能给孩子的支持可以分为两类：

1.精神支持

精神支持就是从认知上、情感上给孩子支持。所谓认知支持，是当孩子遇到不理解的事情时，无法独自解决的事情时，父母帮孩子一起分析事情的性质、强度、影响等，帮他出谋划策寻找应对方案。情感支持则是当孩子感到孤独时、压力重重时，当孩子需要鼓励时，父母给他情感上的陪伴、安慰和鼓励，帮他稳定情绪，让他重拾信心。最亲近的人支持他、信任他、鼓励他、帮助他，是孩子前进的最大能量，且这种能量能慰藉孩子一生，成为他内心强大的原动力。

2.具体支持

具体支持是指给孩子创造他所需要的物质条件，特别是在他遇到压力和困难时。例如，孩子参加学校的舞蹈比赛，需要一双漂亮且舒服的鞋，父母就可以给她这样的物质支持。孩子学习上遇到了很大的困难，父母帮他请一位辅导老师。这些都是具体的支持。具体的支持能直接产生具体的效果，并给孩子精神上带来巨大的鼓舞。所以，在父母力所能及的情况下，适量给孩子提供他所需要的支持。

然而，爱是对孩子最好的支持。精神支持和物质支持都建立在爱孩子的基础上，假如你不能给孩子那么多物质支持，也不能每件事都给他精神支持。但是，如果你能让孩子感觉到你是爱他的，你愿意花时间去陪伴他，与他沟通交流，保持较为亲近密切的关系，对孩子同样是一种支持。假如你因为种种原因不能陪伴在孩子身边，但能够时不时地表达对孩子的爱，对孩子也是一种支持。总之，不要让孩子感觉到你抛弃了他，不在乎他、不爱他。

在童年时，孩子没有什么朋友，不懂得自己排解烦恼，很多具体的问题自己无法解决，所以需要父母提供的支持很多，可能很小的一件事情都需要父母的意见，父母要有耐心，给孩子提供合理的支持。这并不是溺爱，溺爱是对孩子的事情大包大揽，孩子能做的事情也替他做，给孩子支持则是当孩子需要帮助时尤其是主动向父母寻求支持时，父母不要袖手旁观。

没有父母的食物喂养，孩子的肉体是孱弱的；没有父母充满爱的支持，孩子的内心是孱弱的。孩子的强大永远与父母的支持息息相关。如果可以，请父母把最好的支持给孩子，如足够好的爱，非常和谐的亲子关系等，这些都将影响孩子的一生，成为他内心强有力的支撑。

母爱缺失，孩子的内心犹如黑洞

如果你仔细观察就会发现，身边总有那么一两个人，他的内心犹如黑洞，不管他拥有再多，或是身边的人再爱他、对他再好、给他再多的东西，似乎也填满不了这个黑洞，这类人多半是在童年时极度缺少母爱。如果一个孩子总是向父母索取物质，而父母给再多他都不满足，那么很有可能他缺失的不是物质，而是母爱。

前不久，一个朋友向我咨询，孩子非常叛逆、任性，她尽量去满足孩子的需求，但孩子并不领情。和她不亲近，除了向她要零花钱，很少主动和她交流。宁愿一个人待着，也不愿意跟她出去玩。经常向她要钱，但给多少都不满足。孩子看起来很强势，稍微不满意就大发脾气。但特别怕黑，晚上必须开着灯才敢睡觉。白天虽然不和她亲近，但晚上却让她陪着睡觉。

我了解这位朋友的情况，她在孩子三岁时就离婚了。孩子跟着爷爷奶奶生活了两年，五岁时她把孩子接回身边，回来后就一直是这样，已经持续多年。

我判断孩子的这种情况是缺爱所致。一个孩子的物质欲望能有多大呢？如果父母已经竭尽所能去满足他，但他还是不满足，那么他缺的不是物质，而是爱。我这位朋友虽然在孩子三岁时离婚，但离婚之前她忙于应付和孩子父亲之间的关系，很少陪伴孩子。离婚后两年内，她几乎没见过孩子。这两年孩子有时在爸爸那里住，有时在爷爷奶奶家住，有时在姑姑家住。颠沛流离的生活，没有固定的抚养人，尤其是缺乏妈妈的陪伴和爱，对孩子的内心造成了很大的伤害。

朋友说，她也觉得对孩子有亏欠，所以现在拼命弥补他，但孩子似乎不领情，反而好像很讨厌她的样子。我说，孩子的这种情况叫作“退行”。孩子在三岁时突然失去了母爱，他对此感到恐惧、委屈、愤怒，甚至可能会有“被抛弃感”。现在突然得到了母爱，他的恐惧、委屈和愤怒终于可以释放出来，叛逆、任性、发脾气、不和她交流等都是他释放的方式。你对他越好，他释放得越强烈。虽然他现在长大了，但他面对你的时候心理状态还停留在三岁的时候。他通过任性、叛逆这种方式质问你甚至是惩罚你，为什么那个时候不管他。

我说到这里，朋友掉下了眼泪。她说，她还以为孩子只是不懂事。我说：“在你面前的时候，他就退回到了那个不懂事的小孩。”她问，现在应该怎么做。我说：“包容孩子，像包容一个三岁小孩那样包容他，让他把委屈和愤怒释放出来。同时你要向孩子道歉，说明那时你离开他是不得已，并不是不爱他，更不是要抛弃他，请孩子原谅你。孩子只有在你面前才有‘退行’现象，说明他相信你爱他，能够包容他。”缺乏母爱的孩子，内心犹如一个黑洞，需要更多的爱去弥补，这个时候，给再多的物质都不够。孩子越是向你要物质，越是说明他内心缺爱，他把你给他钱视为你爱他的方式。但如果他感觉到你足够爱他、足够包容他，他向你要钱的情况就会渐渐减少。

其实我们成人也有“退行”的情况。某些人谈恋爱的时候，会表现得特别不懂事，对方越爱自己，自己越“作”。就是因为我们在成长的过程中内心积压了委屈，现在终于可以在一个非常爱自己的人面前释放出来。这个时候，如果对方足够包容自己，自己就会深信对方爱自己并感到满足。但如果对方不能包容自己，自己就会陷入绝望。很多成年人并不知道这其中是怎么回事儿，也并不是每个人都能足够包容对方，所以很多人的婚恋关系因此陷入痛苦中。

母爱的缺失让孩子的内心如黑洞，看不到光明和希望，这个黑洞是权势、地位、财富、成就等任何东西都填补不了的，甚至让人一生都无法内心强大。

在看《三国联盟之虎啸龙吟》这部电视剧时，曹丕的儿子曹睿的经历给我留下了深刻的印象。童年时，曹睿的母亲被自己的父亲赐死。他眼睁睁地看着母亲惨死，却无力营救。他带着极大的伤害长大，内心的委屈和愤怒无处诉说，也无法在父亲面前“退行”，因为父亲迁怒于他，一度要杀他。他当上皇帝后的第一件事就是请全国的画师为他的母亲画像。画像画好以后，他在母亲的画像之前号啕大哭。他经常把母亲的画像拿出来观看，一边看一边掉眼泪。不管他在臣子面前多么威严，但一看到母亲的画像，他就好像变成了一个孩子。虽然他很聪明，治国也算有方，但他性格乖戾，喜怒无常，只要想起母亲就脆弱无比。他想尽一切办法杀死了父亲宠爱的太后，虽然太后把他养大并对他关爱有加，虽然理智上他知道太后和母亲的死并没有关系，但他仍然需要通过这种方式来释放他内心的委屈和愤怒。但所有这些仍然不能缓解他内心缺失母爱的痛苦，于是，他的身体每况愈下，在29岁就去世了。

母爱的缺失，让曹睿的内心变成了一个大大的黑洞，不管用什么方式都无法填补这个黑洞。哪怕贵为皇帝，拥有这世间所有的一切，也改变不了他内心的脆弱和黑暗，且脆弱和黑暗跟随了他一生。所以内心强大与否与身份、地位、权势等都没有关系，而和童年时有没有足够的父母之爱尤其是母爱有关。

年龄越小的孩子，越需要母爱。打从娘胎起，婴儿就对母亲产生了绝对的依赖感，这种依赖感一旦被破坏，之后需要花费很大力气去弥补。有些孩子有机会通过“退行”的方式疗愈自己，有些孩子一生都无法得到弥补，只能带着这个黑洞在痛苦中度过一生。

那么，如何避免出现这种情况，或出现了这种情况，该如何去弥补？

1.在孩子幼年或童年时，尽量别长时间离开孩子

很多父母认为孩子小，没有什么记忆，离开孩子一段时间没什么。但不管再小的孩子，即使没有清晰的记忆，也有感觉。感觉会进入潜意识中，未来影响孩子的心理。所以，在孩子童年和幼年时，父母尽量别长时间离开孩子。如果因工作需要离开孩子几天，要告诉孩子你去哪里，什么时候回来。如果因客观原因需要离开孩子很久，如离婚，更需要告诉孩子你为什么离开，什么时候来看他。如果不能告知真实的原因，也要编织一个美丽的谎言，而不是突然消失。没有理由地突然消失，会让孩子产生被抛弃感。被抛弃感是对人最大的伤害，连成人都无法承受。另外，孩子太小，尽量别让孩子上寄宿学校，最好是到高中以后，再考虑让孩子上寄宿学校。

2.如果离婚，尽量和孩子保持比较密切的联系

离婚对很多父母来说，是一个无可奈何的情况，必须离开孩子，怎么办？其实很多单亲家庭的孩子内心依然很健康，因为父母会让孩子感觉到：我只是离开了爸爸，离开了这个家，并没有离开你。虽然不能天

天和你在一起，但妈妈的爱天天可以和你在一起。怎么给孩子带来这种感觉？就是要和孩子保持密切的联系。虽然不能天天见，但可以经常打电话、视频，时不时看看孩子，给孩子买些礼物，重要的是要把对孩子的爱传达给孩子。让孩子感觉到，家的形式虽然变了，但妈妈对我的爱并没有变，那么他就不会缺失母爱。

作为父亲，不要在离婚后切断母亲和孩子的联系，也不要在孩子面前说妈妈的不是，尤其不要说“妈妈不管你，不要你”之类的话，教孩子恨妈妈。即便真的是这样的情况，也可以编织一个美丽的谎言。如我一个朋友就这样告诉孩子：“你妈妈不是不要你了，她到外地工作了，要很久才能回来，一回来就会来看你。”要让孩子感觉到，并不是妈妈主观上不要自己，而是客观上无法陪伴自己，避免孩子心中产生被抛弃感。当然，妈妈也要这样维护父亲在孩子心目中的形象。

3.如果伤害已经造成，请无限度地包容孩子的“退行”行为

但如果实际情况像我开头讲的那个案例，伤害已经造成，那就只有无限度地包容孩子的“退行”行为。如果孩子出现了不符合他实际年龄的对妈妈的依恋，那就满足他；如果孩子任性发脾气，那就允许；如果孩子攻击你，尽量承受。如果不能承受，就告诉孩子自己的感受，但不要指责孩子。允许孩子胡闹一阵子，当他确认妈妈足够爱他的时候，他的“退行”行为就会渐渐消失。

《红楼梦》中，前期的林黛玉在贾宝玉面前特别“作”，但到了后期，林黛玉就没有那么做了，因为她已经确信贾宝玉爱她了。林黛玉也是在童年失去母亲的，她在贾宝玉面前的“作”也是一种“退行”行为。很幸运，她遇到了足够爱她、包容她的贾宝玉，所以她的心理创伤得到了治疗。因此，对于心中已经有创伤的孩子，父母要用足够的爱和包容为孩子治疗。

如我朋友的孩子，如曹睿，如林黛玉，缺乏母爱的孩子，内心都难以真正强大，而爱是改变这一点的唯一方法。所以，给孩子最多的母爱，最好的母爱，让母爱成为孩子这一生强大的内心支撑。

和谐的亲子关系衍生出孩子坚固的人际关系

曾有调查，人最大的幸福感来自于自己和他人之间的关系，和谐、稳定的人际关系将最大限度地提升人的幸福感。而心理学精神分析理论认为，一个人走向社会后的人际关系是与父母之间的亲子关系的复制，而与伴侣之间的亲密关系则是与异性父母之间的关系的复制。

这是有可能的。我们来到这个世界上建立的第一个人际关系是亲子关系，第一个学习相处的对象是父母，见到的第一个异性且在遇到伴侣之前相处时间最长的异性是父亲或母亲。父母对我们的影响是根深蒂固的。如果是这样，童年时与父母之间的关系很和谐，那么走向社会后与他人之间的关系也会很和谐；童年时与异性父母之间的关系很和谐，那么成年后与伴侣之间的关系也会很和谐。也就是说，和谐的亲子关系将会衍生出孩子一生坚固的人际关系。虽然这不是绝对的，但很大概率上是这样的。

我有一个同学，他说话特别“损”，就是言语刻薄、喜欢戳人痛处。他这个毛病从哪里来的？他说：“跟我妈学的，我妈说话就这样。”他妈妈说话有多损？他说邻居都被她得罪光了，整个小区里没有几户人家跟他们家来往的。而他也饱受妈妈嘴损的伤害，被伤害多了，他就还击，渐渐也学会了嘴损。他和妈妈之间的相处方式就是这样的，你损我，我损你，互相伤害，一直都不和谐。

在家里他和妈妈这样说话，到了学校以后他也这样和同学说话。虽然他人很聪明、健谈，但同学们受不了他的嘴损，于是常常和他发生冲突，以至于从小到大他都没什么朋友。

后来，听说他工作了，在一家亲戚开的公司里上班，职位还不低。再后来，听说他被炒掉了，因为他性格孤傲、说话刻薄、不懂得低头，让老板很不喜欢。

我这位同学的经历很好地证明了走向社会后的人际关系是童年时亲子关系的复制。因为童年时损妈妈，和妈妈之间的关系不和谐，所以走向社会以后也损同学、损同事、损老板，和这些人的关系都不和谐，而这最终影响了他的事业和前途。

人与人之间的相处是一门学问，而这一门学问最初孩子是从父母身上学到的，假如父母教给孩子的是错误的方式，那么孩子就会带着这种错误的方式和他人相处，最终会使孩子和他人的关系充满冲突。

这种冲突发生在亲密关系中更为明显。

我有一个晚婚的朋友，有一次和我探讨她为什么会晚婚。她说她的同性缘很好，异性缘却一直不好。确切地说，不是异性缘不好，而是她无法很好地和异性好好地相处。和同性之间她总能心平气和，包容对方，而一旦和异性相处，她就变得心态不平和，特别容易挑剔对方。所以，她的同性朋友都很喜欢她，她有好多保持长久关系的同性朋友，而异性朋友从小到大几乎没有。交往过的两个男朋友开始相处得还好，但时间不长就让她闹崩了。

我问她和父亲之间的关系好吗？她说一直都不好，爸爸脾气不好，特别容易急躁，弄得她在爸爸面前也特别容易急躁。她和爸爸特别容易发生言语冲突，她不喜欢和爸爸说话，总是和爸爸保持距离。而她和妈妈之间的关系就很好，妈妈和蔼可亲，她什么话都喜欢跟妈妈说，从小到大她从来没有跟妈妈发生过任何摩擦。

我说："问题找到了，你懂得如何和同性相处，却不懂得如何和异性相处，因为你的爸爸没有教给你正确的方式。你对同性朋友特别包容，这是你妈妈教给你的。而你对异性朋友特别容易挑剔指责，这是你爸爸教给你的。你不容易喜欢上某位男士，就像你一直都不喜欢你爸爸一样。你只是把你生命中的那些男士当成了你爸爸的投射，你并没有真正地去了解他们。假如你把他们当成同性朋友去对待，或许你会觉得每位男士身上都有可爱之处。"

这个案例再次向我们证明了成年后与伴侣之间的亲密关系是童年时与异性父母之间的关系的复制。童年时与异性父母之间的关系和谐，成年后与伴侣之间的亲密关系也多半和谐。

孩子的这一生，在成立自己的家庭之前，和父母相处的时间最久，和父母之间的关系最密切，所以他大部分的相处之道、处理人际关系的方法包括怎样看待自己都是从父母那里学来的，这一切会在自己的身上刻下深深的烙印。

民国诗人徐志摩的原配夫人张幼仪从小就被父亲看不起，她在父亲面前是谨小慎微、唯唯诺诺、讨好式的，这样的性格被她"写"在脸上，走向社会以后，别人一看她就是容易欺负的那种人，于是徐志摩也欺负她、轻视她、看不起她，她在徐志摩面前跟在父亲面前一样唯唯诺诺。童年时，父亲在精神上抛弃了她。成年后，徐志摩在生活中抛弃了她。

张幼仪和徐志摩之间的关系完全就是她和父亲之间的关系的复制。与其说徐志摩对待张幼仪的态度是被张幼仪的性格刺激出来的，不如说是张幼仪的父亲教给他的。父亲不仅教会了张幼仪怎样看待自己，也教会了别人如何看待张幼仪。

从这些案例可见，父母与孩子之间的关系对孩子的影响竟然是这样的巨大和深远，它关系着孩子一生的幸福。

所以，父母非常有必要给孩子创造一个和谐的、稳定的、健康的亲子关系，父母有理由教会孩子如何与人相处，如何爱人和被爱。

1.尽量创造和谐的亲子关系和家庭氛围

和谐的亲子关系和家庭氛围是孩子一生的财富，也是孩子内心强大的基础。如果我们能用信任、鼓励、包容、平和、耐心等方式与孩子相处，并这样对待自己的伴侣，那么将会给孩子创造一个和谐的亲子关系和家庭氛围，孩子在这样的氛围中长大，将会把信任、鼓励、包容、平和、耐心等复制于他的其他人际关系中，那么他收获的将是美好的人际关系和坚固的情感。

2.如果亲子关系不够和谐，父母要反省自己

父母身上也带着原生家庭的烙印，父母也在复制童年时自己的亲子关系，假如你和孩子之间的关系不和谐，和伴侣之间的关系不和谐，那么有必要反省自己，自己对待孩子和伴侣的方式是否有问题。我们可以尝试在自己的原生家庭中找原因，回忆一下自己童年时的亲子关系，我们能否从中跳脱出来，不再受其影响。在我们未曾意识到之前，我们会不知不觉地复制。但在我们有所觉醒之后，就要试着摆脱它的影响，让过去归过去，现在归现在，虽然这很难做到，但一旦觉醒之后，就会有所改变。

在觉醒之后，我们要试着切断这个轮回，不要再让错误的相处方式对孩子产生不好的影响，为他将来可以拥有一个美好而又坚固的人际关系打下良好的基础。

3.如果是父母的问题，告诉孩子，那不是你的错

糟糕的亲子关系除了会给孩子带来负面的感受以外，也会让孩子把本该由父母承担的错误归结到自己身上，如“妈妈这么骂我，都是因为我是个糟糕的孩子”，但实际上只是因为妈妈是个控制不住自己情绪的人，无论孩子糟糕与否，妈妈都会骂孩子。如果妈妈有觉醒，就要告诉孩子：“这不是你的错，是妈妈的错，妈妈是一个控制不住自己情绪的人。你是个好孩子，妈妈是个糟糕的妈妈。”这样做，就是把对孩子的伤害降到最低。又如，张幼仪被父亲骂“女人都是没用的”，她果然就认为自己身为女人是个错误，不值得被好好对待，却不知道这只是社会的不公和父亲的错。于是，她带着这种认知过了大半辈子，给自己的人生带来了巨大的痛苦。

因此，假如亲子关系中出现了问题，父母能认识到是自己的问题，一定要告诉孩子：那不是你的错，你不需要为此负责。

4.如果父母有恶习，告诉孩子，你不要学习

我有个朋友，他的父亲喜欢喝酒，喝完酒就摔东西，打他和妈妈。他非常痛恨父亲喝酒，但非常不幸的是他也学会了喝酒，而且和他爸爸一样有些上瘾，只是还没有发展到喝酒后打人的程度。孩子有模仿父母的本能，哪怕他知道那是个不好的习惯，潜意识里也会模仿。我们要阻断孩子的这种潜意识。假如父母身上有不好的习惯，在你清醒的时候告诉孩子，不要学习。那是父母的恶习，让父母承担这个恶果好了，别让它在孩子身上发生轮回，这也是把不美好的亲子关系对孩子的伤害降到最低。

和谐的亲子关系，美好的原生家庭，假如孩子从小能拥有这两样，那么内心强大的很多内容如正能量培养、自我修复能力、稳定的心理状态等孩子自然也会同时拥有，因为这些都需要在和谐的家庭氛围中才能产生。所以，和谐的亲子关系衍生出的不仅是孩子坚固的人际关系，更

是孩子强大的内心和幸福的人生。

父母存在的意义是带孩子进入强大的男性和女性世界

在如何成为内心强大的孩子方面，男孩女孩有着许多共同的培养方法，但是，也有一些不同。因为从自然属性来说，他们属于不同的物种。男孩只有成长为强大的男人才算真正强大，女孩也只有成长为强大的女人才算真正强大。而父母在这个过程中就有着不同的使命，父亲的使命是带男孩进入男人的世界，母亲的使命是带女孩进入女人的世界。这是父母存在的最大意义。

曾经有一个朋友向我咨询，说她家的孩子像个小姑娘似的，不仅长相阴柔，性格也缺乏阳刚之气。男孩普遍喜欢的玩具如刀枪、汽车什么的他都不大喜欢，反倒喜欢女孩子都喜欢的娃娃。她很担心，孩子不会是性别意识错位吧，长大万一成了同性恋了怎么办？了解之后得知她平时并没有给孩子穿裙子的习惯，孩子的日常培养还是和男孩一样的。继续了解之后发现，这个孩子从小到大几乎是在女人堆里长大的，小时候是妈妈、奶奶、姥姥轮流带大的，爸爸工作忙碌，经常不在家，孩子见到爸爸的机会都是有限的。周围的亲戚也基本上是女性，一个姨妈两个姑妈，偶尔带他玩耍。孩子也是在宠爱中长大的，爸爸也很爱他，只是爸爸没有什么时间陪他。

这就很容易理解这个孩子为什么缺乏阳刚之气了，他从小到大受到的男人的熏陶太少，他不知道男孩或者男人是什么样的，他一直待在女人的世界里，而男人的世界他几乎从未走进过。

曾经有媒体报道，说现在的男人有不少缺乏阳刚之气。他们分析到，孩子小时候妈妈照料的时间多，幼儿园和小学的老师也基本都是女性。在孩子重要的成长阶段，接触的女性居多。在中国的家庭教育中，爸爸更倾向于为家庭提供物质，陪伴孩子的时间普遍少。孩子普遍没有受到过成熟男性魅力的熏陶，直到走向社会以后才懵懵懂懂进入男人的世界，自然就缺乏阳刚之气。而相对来说，女孩却越来越强悍，这固然跟整个社会意识的提高有关，但跟男孩和父亲接触过少也不无关系。

从外形来说，并不是说男孩不可以阴柔，女孩不可以强悍，而是从性格魅力上来说，男孩和女孩应该更向自己的性别群体认同。这不仅是为了避免同性恋，更是为了维护内心的统一和完整，以自己的性别为傲，内心更笃定、更健康，充分发挥自己的性别优势，进而成为一个内心强大的人。

德国家庭治疗师伯特·海灵格说：“男孩在胎儿期和童年早期，主要受母亲的影响，如果他不能突破这种影响，母亲的影响就会充斥着他的身心，他会深深地感受到母亲的力量和重要性。长大之后，他可能会成为一个调情高手，但他无法成为一个好爸爸，也无力维持一段平等的男女关系。”我的理解是，因为爸爸在他生命中经常缺失，他无法向爸爸学习如何成为一个好爸爸、好丈夫，以及如何珍惜女性。

父母如何避免孩子出现这种情况？

1.不要因爱孩子而忽略伴侣

儿童在3岁时开始有性别意识，按照精神分析的理论，3~6岁是“俄狄浦斯期”，即男孩会出现恋母倾向，女孩会出现恋父倾向。父母要让孩子顺利地度过这个时期，方法就是维持和谐的夫妻关系，要让男孩看到妈妈很爱爸爸，让女孩看到爸爸很爱妈妈，孩子就不会有过于依恋异性父母的倾向。在这个时期及以后，父母都不能因为爱孩子而忽略伴侣。一个只爱孩子不爱伴侣，甚至有意或无意地较量孩子更爱谁的父亲或母亲，是把孩子置入了一个尴尬的境地，并使孩子只懂得爱父母，长大后不懂得爱自己的伴侣，无法经营好自己的亲密关系。所以，“你更爱爸爸还是更爱妈妈”这个问题请不要再问孩子了。

2.引导孩子认同同性父母

如果妻子总是在男孩面前贬低自己的丈夫，丈夫总是在女孩面前贬低自己的妻子，那么男孩或者女孩就有可能轻视自己的父亲或母亲，不愿靠近自己的父亲或母亲，从而无法从父亲或母亲身上学到自己性别的优势。所以，我们更应该引导孩子认同自己的父亲或母亲，妻子要在男孩面前经常夸耀自己的丈夫，丈夫要在女孩面前经常夸耀自己的妻子，使孩子更加靠近自己的同性父母，进而进入自己的性别世界。

3.带孩子进入同性成人的世界

在孩子3岁之前，母亲可以经常带孩子，但3岁以后，孩子已经有了性别意识，这个时候就需要让他渐渐进入他的性别世界。父亲要多带儿子，母亲要多带女儿。父亲不仅要带儿子进入自己的世界，还要带儿子进入更广阔的男性世界，让他和更多的男性接触，一起吃饭、打球、参加户外活动等，去接触这个世界上各种各样的不同魅力的强大的男人，让孩子逐渐具备男性的魅力和强大。女孩也是这样的，母亲要带女儿进入自己的世界和更多女性的世界，让她看到女性世界的精彩，爱上自己的性别，发现自己的性格优势，很好地发挥它，逐渐变得强大。

4.父母无须成功，但需强大

有的父母会担心，我是很普通的男人或女人，不成功，不优秀，并不强大，孩子会不会因此不认同我。其实在孩子的心目中，父母都是强大的。因为他们所理解的强大不是成功、优秀、金钱、身份、地位这些外在评价系统，而是你帮他修好了玩具汽车，和他一起完成了一副拼图，为他做了一顿可口的饭菜，他可能就会两眼放光，觉得你太棒了。所以，父母无须在孩子面前展示外在评价系统中的强大，而是要多展示内在评价系统中的强大，例如在工作中取得了进步，克服了重重困难和孩子爬上了一座山峰，对孩子来说都是一种感染。孩子会从父母的这些方面学习真正的强大。因此，每一位父母都是强大的，都可以带自己的儿子或女儿进入强大的成人世界。

5.如果同性父母不常陪伴，可以带孩子多和身边的同性成人接触

父亲因工作不常在家或单亲家庭的父母会有这种无奈，独自带儿子或女儿，他（她）的爸爸或妈妈不在身边，没办法带孩子进入孩子性别的成人世界。对于这种情况，首先，离开家的父亲或母亲要负起责任来，离婚了也要经常陪伴孩子。其次，父亲或母亲不要在孩子面前抱怨前任伴侣的不是，避免孩子敌视自己的同性父母，从而不认同自己的同性父母。最后，父亲可以带女儿、母亲可以带儿子多和身边的孩子的同性成人多接触，从而弥补同性父母陪伴的缺失。

我有一个朋友在这一点做得比较好，离婚后，孩子的爸爸从没来看过儿子，但她从来不在儿子面前诉说爸爸的不是，而是告诉孩子，爸爸在外国工作，他是一个很伟大的爸爸，并且以有一个好儿子而感到自豪。结果儿子的心中有了一个“强大的爸爸”，经常告诉自己要勇敢，要做个男子汉，像爸爸一样强大。

这位妈妈用一个美丽的谎言让儿子认同自己的父亲，从而让儿子也变得强大起来。如果妈妈不是这样做，而是跟儿子说“你有一个糟糕的

爸爸，他不要你了”，那么不但“被抛弃感”会伴随儿子一生，同时他也会认为男人竟然是这么糟糕的，从而对自己的性别不够认同，内心当然会走向弱小。

父母存在的意义不只是把孩子养大成人，也不只是给孩子一个家庭，而是要把孩子带入他们各自的成人世界，让他们在男性或女性的世界里成长为一个强大的男人或女人。

足够好的爱是孩子内心强有力的支持

爱是孩子最好的支持，但很多时候，父母并不是不爱孩子，而是不知道如何爱孩子，常常在用一种错误的方式爱孩子。而当自己的“爱”没有换来理想的结果时，父母就觉得特别委屈，认为孩子出了问题。其实，这是父母的问题，是父母不会爱，不懂爱，缺乏爱孩子的能力。错误的爱、不够好的爱不但没给孩子带来支持，反而有损他变得强大。

有个朋友向我抱怨，她很爱孩子，可是孩子的成长还是出现了很多问题。在学校不好好学习，在家里沉迷上网、看电视，宁愿看电视也不理他。而且说不得，无论是父母还是老师只要说他一句，他就顶撞得厉害。朋友觉得很委屈，感觉对孩子付出得也不少，但结果却不尽如人意。

我对这位朋友所说的“很爱孩子”持怀疑态度，我见过她是如何爱孩子的。有一次，她特意带孩子到郊外摘草莓，并邀请我们一起去。可我发现，我们陪孩子在一边摘草莓，她坐在一边疯狂地聊微信。结果孩子玩了一会儿就说“没意思，回家吧”，她问都不问立刻带孩子回家。还有一次我约她出来玩，她说不去了，她要在家陪孩子，说不如你来我家玩吧。当我到她家时，发现孩子在一个房间里玩手机，她在另外一个房间里玩电脑。据我所知，她给孩子买了不少书，但据孩子说，妈妈从来没给他讲过故事。

什么才是真正的爱孩子，有些时候父母并不是很清楚。我们以为的爱有时并不是真爱，或者说不是最好的爱。例如陪伴，很多父母都知道陪伴才是最长情的爱，可什么是真正的陪伴却并不清楚。并不是说你的身体在孩子旁边就是陪伴，你和孩子待在一个空间里就是陪伴，而是用“心”才是陪伴。当孩子摘草莓的时候，你陪他一起摘草莓，并和他探讨草莓的种植过程，感叹草莓的美味；当孩子玩游戏的时候，如果孩子愿意，就和他一起玩；当孩子赢了的时候，夸奖他太棒了；当孩子输了的时候，鼓励他再来一次；当孩子看书的时候，你可以让他给你讲讲他都看了什么，看不懂的地方，你给他讲讲。所以，陪伴是和孩子共同去做一件事，并在这个过程中和孩子有充分的交流。而最好的陪伴是你也变成孩子，像孩子的同龄人一样融入孩子的生活中，分享他的喜怒哀乐。最好的陪伴是不借助任何中介，而只是用你的身体、表情、语言陪孩子一起玩耍、逗乐、交流。

孩子之所以宁愿看电视也不理父母，是因为父母不好玩；孩子之所以沉迷网络，是因为缺乏心灵的陪伴，所以才让网络陪伴自己；孩子之所以和父母顶嘴，是因为父母没有看到孩子真实的感受，或者没有无条件接纳孩子。可以这么说，孩子的大部分问题都是因为父母错误的爱的方式或者说不够好的爱造成的。因为孩子生下来是一张白纸，在父母的“教育”下，他才变成了今天这个样子。假如从小就能给孩子足够好的爱，每一个孩子或许都不会出现那么多问题，而是可以顺其自然地成长为内心健康又强大的孩子。

所以，孩子需要的是父母正确的爱、足够好的爱，而不是父母想当然的付出、自以为是的爱。那什么才是正确的爱或足够好的爱呢？简单地说，就是不会给孩子带来伤害，只会给孩子带来正面感受的爱。这种爱我们已经讲过一些，现在，不妨来总结和补充一下。

1.无条件的爱

有条件的爱带给孩子的最大伤害是不自信。什么是有条件的爱？例如，好好学习我才会带你到游乐场玩；听话才是好孩子；不顶嘴妈妈才会喜欢你。在满足孩子的要求或爱孩子之前总是加一个条件，孩子只有满足了这个条件，父母才能满足孩子的要求或喜欢孩子。也就是说，父母不接纳现在这个孩子，只接受那个符合自己期待的孩子。这样的父母很容易对孩子产生不满的情绪和挑剔指责的行为，结果使孩子变得不自信：现在的我是不够好的，得不到父母认可的，我只有达到他们的要求才是好的。这样的孩子会有两种走向：为了得到父母的认可，努力达到父母的要求，但无法成为真正的自我；坚持做自我，但不被父母认可或喜欢。

而无条件的爱是不管孩子是什么样的，即便和自己想象中的不一样，我也爱他。即爱孩子是没有条件的。无条件的爱首先是接纳孩子——你虽然不是最棒的孩子，但是妈妈最爱的孩子。它给孩子的内心带来的是愉悦感。当孩子被认可和理解的时候，他也愿意去体会别人的感受，如让自己变得更好，让父母更爱自己。无条件的爱带来的是正能量循环，而有条件的爱带来的是负能量循环。

2.高质量的陪伴

低质量的陪伴带给孩子的伤害是无聊、寂寞、孤独、羞怯等。曾经有一个父亲说自己大部分的时间都用来陪孩子，可他是怎么陪的呢？孩子在一旁玩玩具，他在一边玩游戏。孩子玩玩具玩腻了，就去看电视。电视比较有趣，孩子看了一天。他非常生气：“你怎么可以一直看电视？”孩子非常委屈：“你不陪我，还不让我看电视。”孩子为什么会和父母有隔阂，为什么会沉迷网络、电视？正是因为低质量的陪伴或者根本没有陪伴造成的。

我记得我小时候，妈妈总是忙碌，虽然她常常在我身边，但很少和我说话，结果我性格内向、害羞、不敢和人交流。因为没有人和我交流，我爱上了看书。假如那时候有网络，我想我也会沉迷网络。

所以，高质量的陪伴就是用心、用爱去陪伴孩子，让孩子爱上和父母在一起的时光，让孩子觉得和父母在一起的乐趣不亚于和玩具、电视、网络在一起的乐趣，那么他自然就不会沉迷这些。

3.自由的爱

自由的爱就是不给孩子的人生设限，包括不指挥孩子、不改变孩子、不用规则控制孩子、限制孩子等。不自由的爱在生活中出现的频率非常高，如孩子想学画画，你非让他学英语；孩子想玩沙子，你说会迷眼睛；孩子喜欢吃这个菜，你说应该多吃那个菜；孩子想用这支笔写字，你说那支笔用起来更好。极小的事情都要干涉孩子，这样的爱只会让孩子感觉到束缚和压抑。不自由的爱对孩子是种间接否定：你的感受和判断是错误的，我的才是正确的。所以，好的爱是自由的爱，让孩子为自己的生活琐事做主，相信他的感受和他的能力，增加他的自信。

4.有空间的爱

没有空间的爱带给孩子的伤害是窒息感。我认识一位妈妈，她认为她是世界上最关心孩子的妈妈。例如，每次上学前都提醒孩子带牛奶、不要带错书本；刮风下雨时，反复叮嘱孩子要加衣服；孩子做作业时，不停地问孩子要不要喝水、要不要吃水果。结果孩子看到她就非常烦躁，和她说话总是带着情绪。她感到很受伤，说我对孩子那么好，孩子为什么烦我？我说，孩子其实也很受伤，因为你给他的爱太密了，让他透不过气来。孩子已经长大了，不再是小孩子，他需要有空间的爱。

这样的父母是自己精神不独立，过于依赖孩子。而有空间的爱是什么？当孩子需要自己的时候，及时出现；当孩子不需要自己的时候，和孩子保持一定的距离。有些父母情感上接受不了，觉得“我把你养大了，现在你不需要我了”。但实际上就是这样，随着孩子渐渐长大，他会有自己的世界，而父母也需要回到自己的世界。这样，父母和孩子才会各自走向独立，变得强大。

5.合理满足的爱

不合理的满足带给孩子的伤害是缺爱。不合理包括两方面，一是不满足，二是过度满足。不满足孩子的父母有时会用这样的理由：我不能总是满足你，要让你知道这个世界不是围着你转的。这个世界的确不是围绕着孩子转的，但是能满足的不满足，该满足的不满足，会让孩子觉得父母不爱自己，从而变得自卑。

过度满足会怎么样呢？我认识一个富豪父亲，小时候过得比较苦，好不容易奋斗成功了，在物质上对孩子大手大脚。看着孩子吃穿用都是最好的，他很满足。但孩子并不满足，疯狂向他要东西，和同学攀比。一次不满足都不行，和他之间的关系也并不亲昵，父子之间的唯一纽带就是钱。过度的物质满足造成了孩子的贪欲，实际上却缺乏爱。

所以，合理的满足才是更好的爱。能满足的就满足，该满足的一定要满足，客观原因满足不了的或者觉得孩子的要求不合理的可以拒绝，但要告诉孩子拒绝的原因，不因拒绝伤害孩子的感受。

6.陪伴孩子探索

替孩子做破坏了孩子的自我效能感和自信心，给孩子造成的感觉是：父母是强大的，我是弱小的，我什么事都做不好，需要父母帮我做。而陪伴孩子探索则有助于培养孩子的自我效能感和自信心，给孩子带来的感觉是：虽然我经历了一些困难，但总算把这件事做好了，事实证明，我也可以！所以，陪伴孩子探索是更好的爱。

不管父母的出发点是怎样的，但如果给孩子造成了伤害，都应该算是错误的爱或不够好的爱，如溺爱，刻意的挫折教育等。有时候，错误的爱会打着爱的旗号，披着爱的外衣，让人们一时无法分辨这是真爱还是假爱。但我们可以问一问孩子的感受，就会立刻知道它是否是真正的爱。

足够好的爱才是孩子一生内心强大的有力支持，而不够好的爱不管以什么样的面目出现，最终都会摧毁孩子的感受。

内心强大的父母是孩子学习内心强大的最佳范本

培养内心强大的孩子的最佳方法是什么？不是各种道理，也不是各种心理学知识，更不是各种“术”（方法），而是一个很好的样本，一个他可以随时学习、随时模仿、无时无刻不受其影响的范本。最让人受到感染和刺激的是——我身边有一个人就是这样的，他无时无刻不让我感到惊叹，我要成为他那样的人！当孩子心中有了这样的欲望时，你无须培养，他自然会朝着这个方向努力。

我的父母都是很普通的父母，但他们都有各自强大的地方。我的父亲在非常艰苦的生活条件下几乎完全靠自学考上了大学。退休以后，他重新买书学习一个新行业的知识，然后被一家公司聘用，投身到一个新的工作领域，并干得非常出色。父亲的这种好学、自强的精神深深地感染了我，使我认识到想学什么都不难，想学什么都不晚，所以在并不年轻的年龄义无反顾地开始写作和学习心理学，并且取得了一点点成绩，我的这种自强和父亲身上的自强精神分不开。而妈妈是一位非常勤劳的女性，她身上有很强的自律精神和执行力，一生几乎没有看到过她睡懒觉和熬夜，想到什么立刻去做，哪怕很小的事情，从不随便推到明天。妈妈的这种自律精神和执行力虽然我一时还未达到，但我深深地敬佩她，并一直在努力学习。

假如我身边不是有父母这样内心强大的样本，我想，自强、好学、自律和执行力这些内心强大的内容不会对我有这么强的说服力、吸引力和推动力。

有人说，父母是原件，孩子是复印件，我深以为然。如果父母这个原件是内心强大的，那么孩子这个复印件就比较容易内心强大。给孩子讲再多令他惊叹的知识和道理，不如成为一个令他惊叹的人。而令他惊叹的人不一定要多么成功和优秀，而是身上具备令他敬佩的闪光点，哪怕这个点非常小，但如果足够耀眼，也能够让孩子感觉到强大。父母不要认为自己平凡就不能成为孩子内心强大的范本，平凡和强大并不矛盾，因为平凡是外在评价系统，而内心强大是内在评价系统。

所以，比培养一个内心强大的孩子更重要的是成为一个内心强大的自己，或者说，在培养一个内心强大的孩子之前，先培养自己成为一个内心强大的人。

那么，一个内心强大的父母或一个内心不强大的父母又该如何成为孩子的范本呢？

1.自然地展现真实的自己让孩子去复印

孩子天生就有复印能力，而且会在不知不觉间自动复印。如果你是一位内心强大的父母，无须在孩子面前刻意表现，也无须刻意教育孩子，只需在孩子面前自然地展现真实的自己，把自己内心强大的一面通过生活的细枝末节表现出来，孩子就会自动复印。有位演员，她充满人生智慧，自如地平衡事业和家庭。她性情温和，情绪稳定，无论孩子怎么闹腾，仍能自在地微笑。在孩子面前，她可严厉可宽容，可强可柔，弹性地应对一切，活得非常放松。她的两个孩子自动地复印了她的这些，他们自信、独立、情绪稳定、体贴，虽然偶有哭闹，但不会持续很长时间。两个孩子既能够互相帮助，又能够互相逗乐，在发生了摩擦之后也能够自己解决。看她和孩子相处的时间，你会发现她很少教育孩子，她只是在用自己这个原件潜移默化地影响孩子。

2.把方法自然地融入日常生活的互动中

除了真实地展现自己强大的一面之外，也可以把一些方法自然地融入与孩子的相处和互动中，让它潜移默化地对孩子产生作用。例如，一个男孩的妈妈说："在孩子面前，我不会总是表现出大人强大的一面，有时我会故意表现得软弱一点。在他面前，我是小女生，他是男子汉，让他帮我完成一件事情，通过这种方法弱化妈妈这个角色，增加孩子的存在感。这样的男孩长大后会比较强大，懂得照顾别人。如果妈妈在孩子面前太强势，什么都替他做，那他的存在感就弱了。"

这位妈妈的这段话里有两个我们说过的方法。第一，强大不是强硬，而是适度柔软。在孩子面前示弱，是为了激发孩子的强大。她弱孩子才会强，这是一种平衡。第二，放手让孩子去做，在这个过程中让孩子发展出自我效能感、建立起自信心。她甚至想得更深远，一个会照顾妈妈的人，长大了才会照顾别人。

所以，如果你知道如何让孩子变得强大，并知道如何去实施这个过程，那么其实不需要给孩子讲那么多道理，也不需要刻意教他方法，只需要把这些方法自然地融入与孩子的日常互动中，孩子就会在不知不觉间发生改变。其实大部分孩子都是讨厌“被教育”的，这种不着痕迹的方法更能对孩子产生作用。

3.去学习如何成为内心强大的父母

如果你不是一位内心强大的父母，或者不懂得如何去培养一个内心强大的孩子，那么你首先要做的是学习，而不是随便使用一些自己想当然的方法，那结果可能会和你的想象大相径庭。

我有一个朋友，她每天工作十分辛苦，可回到家宁愿强撑着疲惫的身体做家务，也不愿意让孩子帮一下忙。心情不好的时候，也从不在孩子面前表露一点。经济上并不宽裕，但孩子要什么就给买什么。她的理由是，不想让孩子看出来妈妈不坚强、不强大，不希望孩子和自己一样脆弱。但孩子并没有因为她的伪装坚强而变得强大起来。当她特别累实在不想做饭的时候，孩子非但不会帮她，反而埋怨她为什么不去做饭；她心情不好伪装不了的时候，孩子也不会安慰她，反倒很烦她；偶尔她不想给孩子钱的时候，孩子非常生气，说你平时那么大方，今天怎么这么小气。一个装坚强的妈妈并没有培养出一个强大、体谅、体贴人的孩子。

前面一位妈妈在孩子面前示弱，管用了。我这位朋友在孩子面前装强，却不管用。因为父母强，孩子就弱，这也是一种平衡。一个内心强大的父母，知道如何去运用一些方法，但一个内心不强大、又没有学习过这方面知识的父母很可能不知道该如何去做。所以，内心不强大的父母首先需要去学习。但父母也不必因此有压力，因为许多父母在成为父母之前都不强大，是在伴随着弱小的生命成长起来的过程中渐渐变强大的。孩子就像是父母的第二次重生，父母随着孩子的成长也在不断蜕变。养育孩子不是一个单向输出的过程，而是一个互相滋养、和孩子共同成长的过程。在这个过程中，父母和孩子一起由脆弱走向强大，何尝不是一个美丽的过程。

父母的支持是孩子内心强大的有力根基，但父母首先要有东西给孩子提供支持，父母也需要有充沛的心理能量，有一颗强大的内心，这样才能为自己的命运托底，为孩子的人生提供支持。所以，和孩子一起成为那个内心强大的人吧！